ÜLIMAALNE INDIA MASALA KAST KOKARAAMAT

Vürtsi täis teekond läbi 100 maitsva retsepti

Vladimir Kukk

Autoriõigus materjal ©2023

Kõik õigused kaitstud

Ühtegi selle raamatu osa ei tohi mingil kujul ega vahenditega kasutada ega edastada ilma kirjastaja ja autoriõiguse omaniku nõuetekohase kirjaliku nõusolekuta, välja arvatud ülevaates kasutatud lühikesed tsitaadid. Seda raamatut ei tohiks pidada meditsiiniliste, juriidiliste või muude professionaalsete nõuannete asendajaks.

SISUKORD _

SISUKORD _ 3

SISSEJUHATUS 6

HOMMIKUSÖÖK 7

   1. Masala omlett 8
   2. Upma 10
   3. Masala Dosa 12
   4. Ch ai Cooler 14
   5. Lillkapsatäidisega Paratha 16
   6. Spinatiga täidetud leib 18
   7. Soolane krakitud nisu india pähklitega 20
   8. Chai vürtsikas kuum šokolaad 22
   9. Chai Kurdi 24
   10. Lõuna-India krehvtid 26
   11. Kikerhernejahust krepid 28
   12. Nisu kreemjas kreem 30
   13. Masala tofu rüselus 32
   14. Magusad pannkoogid 34
   15. Chai Latte puder 36

VÄIKESED TALDISED 38

   16. Vürtsitud pliidipopkorn 39
   17. Masala Papad 41
   18. Poha (lapitud riis) hernestega 43
   19. Röstitud Masala pähklid 45
   20. Chai-vürtsiga röstitud mandlid ja india pähklid 47
   21. Küpsetatud köögiviljade ruudud 49
   22. Chai vürtsidega röstitud pähklid 51
   23. Kikerhernepaprikad 53
   24. Röstitud baklažaanid 55
   25. Vürtsikad bataadikotletid 58
   26. Sharoni köögiviljasalati võileivad 61
   27. Sojajogurt Raita 63
   28. Põhja-India hummus 65
   29. Chai vürtsidega popkorn 67

KIKERA, OAD JA LÄÄTSED 69

   30. Röstitud Masala oad või läätsed 70
   31. Quickie Masala oad või läätsed 72
   32. Põhja-India karrioad või läätsed 74
   33. Lõuna-India oad karri lehtedega 76
   34. Goani inspireeritud karri kookospiimaga 78
   35. Chana Masala kaunviljad 80

36. Pandžabi karrioad 82
37. Pliidiplaat Sambharist inspireeritud karri 84
38. Aeglaselt keedetud oad ja läätsed 86
39. Chana ja Split Moong Dal piprahelvestega 88

KÖÖGIVILJAD 90

40. Maitsestatud tofu ja tomatid 91
41. Köömne kartulihash 93
42. Sinepiseemnekartuli räsi 95
43. Pandžabi stiilis kapsas 97
44. Kapsas sinepiseemnete ja kookospähkliga 99
45. Oad kartulitega 101
46. Baklažaan kartuliga 103
47. Masala rooskapsas 105
48. Peet sinepiseemnete ja kookospähkliga 107
49. Riivitud Masala squash 109
50. India pähkliga täidetud baklažaan 111
51. Maitsestatud spinat "Paneeriga" 114
52. Karrieeritud talvemelon 116
53. Fenugreek-spinati kartul 118
54. Krabisev Okra 120

SALATID JA KÜLJED 122

55. Vürtsikas oasalat 123
56. Ema Mung Sprout salat 125
57. Kikerherne Popperi tänava salat 127
58. Tänavamaisi salat 129
59. Krõmpsuv porgandisalat 131
60. Granaatõuna chaat 133
61. Masala puuviljasalat 135
62. Soe Põhja-India salat 137
63. Külm India tänava salat 139
64. Apelsini salat 141

SUPID 143

65. Põhja-India tomatisupp 144
66. Ingveri sojapiimasupp 146
67. Seitan Mulligatawny supp 148
68. Maitsestatud roheline supp 151
69. Lõuna-India tomati- ja tamarindisupp 153
70. Vürtsidega läätsesupp (Masoor Dali supp) 155
71. Tomati ja köömne supp 157
72. Vürtskõrvitsasupp 159
73. Vürtsikas tomati Rasam 161
74. Koriandri ja piparmündi supp 163

KARRIID 165

75. Kõrvitsa karri vürtsikate seemnetega 166
76. Tamarindi kalakarri 168
77. Lõhe safranimaitselises karris 170
78. Okra karri 172
79. Taimne kookoskarri 174
80. Põhiline köögiviljakarri 176
81. Kapsa karri 178
82. Lillkapsa karri 180
83. Lillkapsa ja kartuli karri 182
84. Köögivilja- ja läätsekarri segu 184
85. Kartuli-, lillkapsa- ja tomatikarri 186
86. Kõrvitsa karri 188
87. Prae köögiviljad segades 190
88. Tomati karri 192
89. Valge kõrvitsa karri 194

MAGUSTOIT **196**

90. Chai Latte koogikesi 197
91. Masala Panna Cotta 200
92. Masala riisipuding 202
93. Chai jäätis 205
94. Masala juustukook 208
95. Masala Chai Tiramisu 211
96. Chai Spice õunakrõps 214
97. Kardemoniga maitsestatud kheer (India riisipuding) 217
98. Gulab Jamun 219
99. Masala Chai vürtsidega kook 221
100. Chai vürtsidega küpsised 223

KOKKUVÕTE **225**

SISSEJUHATUS

Igas India köögis on masalakarp midagi enamat kui lihtsalt maitseainete kogum; see on püha anum, mis hoiab võtit maitsete aardelauda, õhus tantsivate aroomide sümfooniat ja passi kulinaarsele teekonnale, mis hõlmab kogu subkontinendi pikkust ja laiust.

Kui me selle kokaraamatu lehti avame, kujutlege vana Delhi elavat vürtsiturgu, kus õhku on imbunud köömnete, koriandri ja kardemoni uimased lõhnad. Kujutage ette kodukokkade kööki kogu Indias, kus vürtside kasutamise kunsti on sajandite jooksul täiustatud, luues roogasid, mis on sama mitmekesised kui riik ise. "ÜLIMAALNE INDIA MASALA KAST KOKARAAMAT" on teie pilet sellesse kaleidoskoopilisesse maitsemaailma, pakkudes 100 maitsvat retsepti, mis kajastavad India kulinaarsete traditsioonide olemust.

Uurides ei tähista me mitte ainult koostisosi, vaid lugusid, traditsioone ja kultuurilisi nüansse, mis muudavad iga roa India rikkaliku pärandi ainulaadseks väljenduseks. Alates lõunamaa tulistest karridest kuni põhjamaiste aromaatsete biryanideni – iga retsept annab tunnistust kulinaarsest mitmekesisusest, mis ühendab seda tohutut ja dünaamilist subkontinenti.

Olenemata sellest, kas olete kogenud kokk, kes soovib õppida India toiduvalmistamise keerukust, või kodukokk, kes on valmis asuma maitsekale seiklusele, see kokaraamat on teie kaaslane. Liituge minuga, kui avastame masala karbi saladusi, kus vürtside alkeemia muudab alandlikud koostisosad erakordseks loominguks. Süveneme India köökide südamesse, kus iga söögikord on pidu ja iga roog on austusavaldus vürtside segamise kunstilisusele.

Nii et koos namaste ja sooja vastuvõtuga alustage teekonda – teekond läbi elavate turgude, elavate tänavate ja köökide, kus masala maagia ärkab ellu. Olgu teie köök täis särtsakust, soojust ja unustamatuid maitseid, mis muudavad India köögi igaveseks naudinguks. Head kokkamist!

HOMMIKUSÖÖK

1. Masala omlett

KOOSTISOSAD:
- 2-3 muna
- 1/4 tassi peeneks hakitud sibulat
- 1/4 tassi hakitud tomateid
- 1-2 rohelist tšillit, tükeldatud
- 1/4 tl köömneid
- 1/4 tl kurkumipulbrit
- 1/4 tl punase tšilli pulbrit
- Soola maitse järgi
- Kaunistuseks hakitud koriandrilehed

JUHISED:
a) Klopi munad kausis lahti ja lisa hakitud sibul, tomatid, rohelised tšilli, köömned, kurkumipulber, punase tšilli pulber ja sool.
b) Sega korralikult läbi ja vala segu kuumale, määritud pannile.
c) Küpseta, kuni omlett on tahenenud, keera ümber ja küpseta ka teine pool.
d) Kaunista hakitud koriandrilehtedega ja serveeri kuumalt.

2. Upma

KOOSTISOSAD:
- 1 tass manna (sooji/rava)
- 1/2 tl sinepiseemneid
- 1/2 teelusikatäit urad dal
- karri lehed
- 1/2 tassi hakitud sibulat
- 1 tl riivitud ingverit
- 1-2 rohelist tšillit, tükeldatud
- Köögiviljasegu (porgandid, herned, oad) - 1/2 tassi
- 1/4 tl kurkumipulbrit
- Soola maitse järgi
- Kaunistuseks india pähklid
- Ghee toiduvalmistamiseks

JUHISED:
a) Rösti manna pannil, kuni see muutub kuldpruuniks. Kõrvale panema.
b) Kuumuta teisel pannil ghee ja lisa sinepiseemned, urad dal, karrilehed, hakitud sibul, riivitud ingver ja roheline tšilli.
c) Lisa segatud köögiviljad ja prae, kuni need on osaliselt küpsed.
d) Lisage röstitud manna, kurkumipulber, sool ja segage hästi.
e) Valage kuum vesi ja segage tükkide vältimiseks pidevalt. Küpseta, kuni upma on kohev.
f) Rösti india pähklid eraldi pannil kuldseks ja lisa enne serveerimist upmale.

3.Masala Dosa

KOOSTISOSAD:
- Dosa tainas
- 2-3 kartulit, keedetud ja püreestatud
- 1/2 tl sinepiseemneid
- 1/2 teelusikatäit urad dal
- karri lehed
- 1/2 tassi hakitud sibulat
- 1-2 rohelist tšillit, tükeldatud
- 1/4 tl kurkumipulbrit
- 1/2 tl garam masala
- Soola maitse järgi
- Õli toiduvalmistamiseks doseerimiseks

JUHISED:
a) Kuumuta pannil õli ja lisa sinepiseemned, urad dal ja karrilehed.
b) Lisa hakitud sibul, roheline tšilli ja prae, kuni sibul on kuldpruun.
c) Lisa kartulipuder, kurkumipulber, garam masala ja sool. Sega hästi.
d) Laota dosa tainas kuumale küpsetusplaadile, lisa lusikatäis kartulisegu ja määri see dosale.
e) Küpseta, kuni dosa on krõbe. Serveeri kuumalt koos kookospähkli chutney ja sambariga.

4.Ch ai Cooler

KOOSTISOSAD:
- ¾ tassi chai, jahutatud
- ¾ tassi vanilje-sojapiima, jahutatud
- 2 supilusikatäit külmutatud õunamahla kontsentraati, sulatatud
- ½ banaani, viilutatud ja külmutatud

JUHISED:
a) Segage segistis chai, sojapiim, õunamahla kontsentraat ja banaan.
b) Blenderda ühtlaseks ja kreemjaks.
c) Serveeri kohe.

5.Lillkapsatäidisega Paratha

KOOSTISOSAD:
- 2 tassi (300 g) riivitud lillkapsast (¼ pea)
- 1 tl jämedat meresoola
- ½ tl garam masala
- ½ tl kurkumipulbrit
- 1 partii põhilist Roti tainast

JUHISED:
a) Sega sügavas kausis kokku lillkapsas, sool, garam masala ja kurkum.
b) Kui täidis on valmis, alusta roti taigna rullimist. Alustage Basic Roti taigna valmistamisest. Tõmmake ära umbes golfipalli suurune tükk (läbimõõduga umbes 2 tolli [5 cm]) ja veeretage seda kahe peopesa vahel, et palliks vormida. Vajutage seda kahe peopesa vahel, et see kergelt lamedamaks, ja rullige see kergelt jahusel pinnal lahti, kuni selle läbimõõt on umbes 5 tolli (12,5 cm).
c) Tõsta rullitud taigna keskele nukk (kuhjaga supilusikatäis) lillkapsatäidist. Voldi kõik küljed kokku nii, et need saaksid keskel kokku, moodustades sisuliselt ruudu. Kasta ruudu mõlemad pooled kergelt kuiva jahu sisse.
d) Rulli see kergelt jahuga ülepuistatud pinnal õhukeseks ja ringikujuliseks, läbimõõduga umbes 10 tolli (25 cm). See ei pruugi olla täiesti ümmargune ja osa täidisest võib veidi läbi tulla, kuid see on kõik korras.
e) Kuumuta tava või raske praepann keskmisel-kõrgel kuumusel. Kui see on kuum, asetage parathas pannile ja kuumutage 30 sekundit, kuni see on piisavalt tugev, et ümber pöörata, kuid mitte täielikult kõvaks ega kuivaks. See samm on ülimalt maitsvate Parathade valmistamisel ülioluline. Tundub, et see on just valmimas, kuid siiski veidi toores. Küpseta 30 sekundit vastasküljel. Vahepeal määrige ülespoole jääv pool kergelt õliga, keerake see ümber, õlitage kergelt teine pool ja küpseta mõlemalt poolt, kuni need kergelt pruunistuvad. Serveeri kohe või, magusa sojajogurti või India hapukurgiga (achaar).

6.Spinatiga täidetud leib

KOOSTISOSAD:
- 3 tassi (603 g) 100% täistera chapati jahu (atta)
- 2 tassi (60 g) värsket spinatit, lõigatud ja peeneks hakitud
- 1 tass (237 ml) vett
- 1 tl jämedat meresoola

JUHISED:
a) Blenderda köögikombainis jahu ja spinat. Sellest saab murenev segu.
b) Lisa vesi ja sool. Töötle, kuni tainas muutub kleepuvaks palliks.
c) Tõsta tainas sügavasse kaussi või kergelt jahuga ülepuistatud tööpinnale ja sõtku paar minutit, kuni see on ühtlane nagu pitsatainas. Kui tainas on kleepuv, lisa veel veidi jahu. Kui see on liiga kuiv, lisage veel veidi vett.
d) Tõmmake tainast lahti umbes golfipalli suurune tükk (läbimõõduga umbes 5 cm) ja rullige see kahe peopesa vahel, et sellest pall vormida. Vajutage seda kahe peopesa vahel, et see kergelt lamedaks, ja rullige see kergelt jahusel pinnal lahti, kuni selle läbimõõt on umbes 5 tolli (12,5 cm).
e) Kuumuta tava või raske praepann keskmisel-kõrgel kuumusel. Kui see on kuum, asetage Paratha pannile ja kuumutage 30 sekundit, kuni see on piisavalt tugev, et ümber pöörata, kuid mitte täielikult kõvaks ega kuivaks.
f) Küpseta 30 sekundit vastasküljel. Vahepeal määrige ülespoole jääv pool kergelt õliga, keerake see ümber, õlitage kergelt teine pool ja küpseta mõlemalt poolt, kuni need kergelt pruunistuvad.
g) Serveeri kohe või, magusa sojajogurti või India hapukurgiga (achaar).

7.Soolane krakitud nisu india pähklitega

KOOSTISOSAD:

- 1 tass (160 g) purustatud nisu
- 1 spl õli
- 1 tl musta sinepiseemneid
- 4–5 karrilehte, jämedalt hakitud
- ½ keskmist kollast või punast sibulat, kooritud ja kuubikuteks lõigatud
- 1 väike porgand, kooritud ja kuubikuteks lõigatud
- ½ tassi (145 g) värskeid või külmutatud herneid
- 1–2 Tai, serrano või cayenne'i tšillit,
- ¼ tassi (35 g) tooreid india pähkleid, kuivröstitud
- 1 tl jämedat meresoola
- 2 tassi (474 ml) keeva vett
- 1 keskmise sidruni mahl

JUHISED:

a) Kuivalt röstige tugeval praepannil keskmisel-kõrgel kuumusel pragunenud nisu umbes 7 minutit, kuni see on kergelt pruunistunud. Tõsta taldrikule jahtuma.
b) Kuumuta õli sügaval ja raskel pannil keskmisel-kõrgel kuumusel.
c) Lisa sinepiseemned ja küpseta, kuni need särisevad, umbes 30 sekundit.
d) Lisa karrilehed, sibul, porgand, herned ja tšilli. Küpseta 2–3 minutit, aeg-ajalt segades, kuni sibul hakkab kergelt pruunistuma.
e) Lisa purustatud nisu, india pähklid ja sool. Sega hästi.
f) Lisage segule keev vesi. Tehke seda väga ettevaatlikult, kuna see pritsib. Võtan suurele pannile kaane ja hoian seda parema käega enda ees, vasakuga vett kallates. Niipea, kui vesi on sees, panen kaane tagasi ja lasen segul minut aega settida. Teise võimalusena võite vee sissevalamise ajaks kuumuse ajutiselt välja lülitada.
g) Kui vesi on sees, vähendage kuumust madalaks ja keetke segu ilma kaaneta, kuni kogu vedelik on imendunud.
h) Lisa sidrunimahl küpsetusaja lõpus. Pange pannile kaas tagasi, lülitage kuumus välja ja laske segul 15 minutit seista, et kõik maitsed paremini imenduksid.
i) Serveeri kohe koos võiga määritud röstsaia, püreestatud banaani või vürtsika rohelise tšillipipra chutneyga.

8.Chai vürtsikas kuum šokolaad

KOOSTISOSAD:
- 2 tassi piima (piim või alternatiivne piim)
- 2 spl kakaopulbrit
- 2 spl suhkrut (maitse järgi)
- 1 tl chai teelehti (või 1 chai tee kott)
- ½ tl jahvatatud kaneeli
- ¼ tl jahvatatud kardemoni
- Näputäis jahvatatud ingverit
- Kaunistuseks vahukoor ja puistake kaneeli

JUHISED:
a) Kuumuta potis piim keskmisel kuumusel kuumaks, kuid mitte keemiseni.
b) Lisage piimale chai teelehed (või teepakk) ja laske 5 minutit tõmmata. Eemaldage teelehed või teepakk.
c) Vahusta väikeses kausis kakaopulber, suhkur, kaneel, kardemon ja ingver.
d) Vispelda kakaosegu järk-järgult kuuma piima hulka, kuni see on hästi segunenud ja ühtlane.
e) Jätkake vürtsidega kuuma šokolaadi kuumutamist aeg-ajalt segades, kuni see saavutab soovitud temperatuuri.
f) Valage kruusidesse, valage peale vahukoor ja puistake üle kaneeliga. Serveeri ja naudi!

9.Chai Kurdi

KOOSTISOSAD:
- 1 spl India teelehti
- 1 kaneel; kepp
- vesi, keetmine
- Suhkrukuubikud

JUHISED:
a) Pange tee ja kaneel teekannu ja valage keeva veega.
b) Lase tõmmata 5 minutit.
c) Serveeri kuumalt koos suhkrukuubikutega.

10. Lõuna-India krehvtid

KOOSTISOSAD:
- 1 tass (190 g) pruuni basmati riisi, puhastatud ja pestud
- ¼ tassi (48 g) terveid musti läätsi koos nahaga
- 2 supilusikatäit poolitatud grammi (chana dal)
- ½ tl lambaläätse seemneid
- 1 tl jämedat meresoola, jagatud
- 1½ tassi (356 ml) vett
- Õli, pannil praadimiseks, tõsta väikesesse kaussi kõrvale
- ½ suurt sibulat, kooritud ja poolitatud (panni ettevalmistamiseks)

JUHISED:
a) Leota riis suures kausis rohkes vees.
b) Leota eraldi kausis mustad läätsed, poolitatud gramm ja lambaläätsed.
c) Lisage igasse kaussi ½ tl soola. Asetage iga kauss lahtise kaanega sooja kohta (mulle meeldib neid hoida ahjus, mis on välja lülitatud) ja leotage üleöö.
d) Hommikul tühjendage ja varuge vesi.
e) Jahvata läätsed ja riis võimsas blenderis kokku. Lisage kuni 1½ tassi (356 ml) vett. (Võite kasutada reserveeritud leotusvett.)
f) Laske taignal 6–7 tundi veidi soojas kohas (näiteks välja lülitatud ahjus) seista, et see veidi käärima hakkaks.
g) Kuumuta praepann keskmisel-kõrgel kuumusel. Valage pannile 1 tl õli ja ajage see paberrätikuga või nõuderätikuga laiali.
h) Kui pann on kuum, torkake kahvel sibula lõikamata ümardatud osasse. Hoides kahvli käepidemest, hõõruge lõigatud pool sibulat edasi-tagasi mööda panni. Kuumuse, sibulamahla ja õli kombinatsioon aitab vältida doosi kleepumist. Õppisin seda Lõuna-India peresõbralt Parvati tädilt ja see muudab maailma tõeliselt palju. Hoidke sibulat koos sisestatud kahvliga käepärast, et seda annuste vahel uuesti kasutada.
i) Hoia tillukest õlikaussi lusikaga küljel, kasutad seda hiljem.
j) Nüüd lõpuks toiduvalmistamise juurde! Valage umbes ¼ tassi (59 ml) tainast kuuma, ettevalmistatud panni keskele. Liigutage kulbi tagaosaga aeglaselt päripäeva alates panni keskosast kuni välisservani, kuni tainas muutub õhukeseks ja krepitaoliseks.
k) Valage väikese lusikaga õhukese joana õli ümber taigna.
l) Laske dosal küpseda, kuni see on kergelt pruunistunud ja tõmbub kergelt pannilt eemale. Pöörake ja küpsetage teine pool. Kui see on pruunistunud, serveeri kohe kihiti maitsestatud jeera või sidrunikartuli, kookospähkli chutney ja sambhari küljega.

11. Kikerhernejahust krepid

KOOSTISOSAD:
- 2 tassi (184 g) grammi (kikerherne) jahu (besan)
- 1½ tassi (356 g) vett
- 1 väike sibul, kooritud ja hakitud (umbes ½ tassi [75 g])
- 1-osaline ingverijuur, kooritud ja riivitud või hakitud
- 1–3 rohelist Tai, serrano või cayenne'i tšillit, tükeldatud
- ¼ tassi (7 g) kuivatatud lambaläätse lehti (kasoori methi)
- ½ tassi (8 g) värsket koriandrit, hakitud
- 1 tl jämedat meresoola
- ½ tl jahvatatud koriandrit
- ½ tl kurkumipulbrit
- 1 tl punase tšilli pulbrit või Cayenne'i õli, pannil praadimiseks

JUHISED:
a) Sega sügavas kausis jahu ja vesi ühtlaseks massiks. Mulle meeldib alustada vispliga ja seejärel kasutada lusika selga, et purustada väikesed jahutükid, mis tavaliselt tekivad.
b) Laske segul seista vähemalt 20 minutit.
c) Lisage ülejäänud koostisosad, välja arvatud õli, ja segage hästi.
d) Kuumuta praepann keskmisel-kõrgel kuumusel.
e) Lisa ½ tl õli ja määri lusika selja või paberrätikuga plaadile. Panni ühtlaseks katmiseks võite kasutada ka keedupritsi.
f) Valage vahukulbiga ¼ tassi (59 ml) tainast panni keskele. Laota taigen vahukulbi tagaosaga ringikujuliste liigutustega päripäeva, keskelt panni väliskülje poole, et saada õhuke ümmargune umbes 5 tolli (12,5 cm) läbimõõduga pannkook.
g) Küpseta poorat ühelt poolt kergelt pruuniks, umbes 2 minutit, ja seejärel keerake see teiselt poolt küpsetamiseks ümber. Vajuta spaatliga alla, et ka keskosa oleks läbi küpsenud.
h) Küpseta ülejäänud tainas, lisades vajadusel õli, et vältida kleepumist.
i) Serveeri minu Mint või Peach Chutney küljega.

12.Nisu kreemjas kreem

KOOSTISOSAD:
- 3 tassi (534 g) nisukoort (sooji)
- 2 tassi (474 ml) magustamata tavalist sojajogurtit
- 3 tassi (711 ml) vett
- 1 tl jämedat meresoola
- ½ tl jahvatatud musta pipart
- ½ tl punase tšilli pulbrit või Cayenne'i
- ½ kollast või punast sibulat, kooritud ja peeneks viilutatud
- 1–2 rohelist Tai, serrano või cayenne'i tšillit, tükeldatud
- Õli, pannil praadimiseks, tõsta väikesesse kaussi kõrvale
- ½ suurt sibulat, kooritud ja poolitatud (panni valmistamiseks)

JUHISED:
a) Segage sügavas kausis nisukoor, jogurt, vesi, sool, must pipar ja punane tšillipulber ning asetage see 30 minutiks kõrvale, et veidi käärima hakata.
b) Lisa tükeldatud sibul ja tšillid. Sega õrnalt.
c) Kuumuta praepann keskmisel-kõrgel kuumusel. Pane pannile 1 tl õli.
d) Kui pann on kuum, torkake kahvel sibula lõikamata ümardatud osasse. Hoides kahvli käepidemest, hõõruge lõigatud pool sibulat edasi-tagasi mööda panni. Kuumuse, sibulamahla ja õli kombinatsioon aitab vältida doosi kleepumist. Hoidke sibulat koos sisestatud kahvliga käepärast, et seda annuste vahel uuesti kasutada. Kui see muutub pannilt mustaks, lõigake esiosa õhukeselt ära.
e) Hoidke pisikest õlikaussi lusikaga küljel – kasutate seda hiljem.
f) Nüüd lõpuks toiduvalmistamise juurde! Valage kuuma, ettevalmistatud panni keskele veidi rohkem kui ¼ tassi (59 ml) tainast. Liigutage kulbi tagaosaga aeglaselt päripäeva panni keskosast välisservani, kuni tainas muutub õhukeseks ja krepitaoliseks. Kui segu hakkab kohe mullitama, keera kuumust veidi madalamaks.
g) Valage väikese lusikaga õhukese joana õli ümber taigna.
h) Laske dosal küpseda, kuni see on kergelt pruunistunud ja tõmbub pannilt eemale. Pöörake ja küpsetage teine pool.

13. Masala tofu rüselus

KOOSTISOSAD:
- 14-untsine pakend eriti tugev orgaaniline tofu
- 1 spl õli
- 1 tl köömneid
- ½ väikest valget või punast sibulat, kooritud ja hakitud
- 1-osaline ingverijuur, kooritud ja riivitud
- 1–2 rohelist Tai, serrano või cayenne'i tšillit, tükeldatud
- ½ tl kurkumipulbrit
- ½ tl punase tšilli pulbrit või Cayenne'i
- ½ tl jämedat meresoola
- ½ tl musta soola
- ¼ tassi (4 g) värsket koriandrit, hakitud

JUHISED:
a) Murenda tofu kätega ja tõsta kõrvale.
b) Kuumutage õli raskel tasasel pannil keskmisel-kõrgel kuumusel.
c) Lisa köömned ja küpseta, kuni seemned särisevad, umbes 30 sekundit.
d) Lisage sibul, ingverijuur, tšilli ja kurkum. Küpseta ja pruunista 1–2 minutit, kleepumise vältimiseks segades.
e) Lisa tofu ja sega korralikult läbi, et kogu segu muutuks kurkumist kollaseks.
f) Lisage punane tšillipulber, meresool, must sool (kala namak) ja koriander. Sega hästi.
g) Serveeri röstsaiaga või soojas roti- või paratha-wrapis rullitult.

14. Magusad pannkoogid

KOOSTISOSAD:
- 1 tass (201 g) 100% täistera chapati jahu
- ½ tassi (100 g) jaggeri
- ½ tl apteegitilli seemneid
- 1 tass (237 ml) vett

JUHISED:
a) Segage kõik koostisosad sügavas kausis ja laske taignal vähemalt 15 minutit seista.
b) Kuumuta kergelt õliga määritud grillrest või pann keskmisel-kõrgel kuumusel. Valage või kühveldage tainas küpsetusplaadile, kasutades iga vaese kohta umbes ¼ tassi (59 ml). Nipp seisneb selles, et vahukulbi tagaosaga keskelt päripäeva liigutades tuleb taigen kergelt laiali ajada, ilma seda liigselt vedeldamata.
c) Pruunista mõlemalt poolt ja serveeri kuumalt.

15. Chai Latte puder

KOOSTISOSAD:
- 180 ml rasvatu piima
- 1 spl hele pehmet pruuni suhkrut
- 4 kardemonikauna, poolitatud
- 1 tähtaniis
- ½ tl jahvatatud ingverit
- ½ tl jahvatatud muskaatpähklit
- ½ tl jahvatatud kaneeli
- 1 kaera kotike

JUHISED:
a) Pange piim, suhkur, kardemon, tähtaniis ja ¼ teelusikatäis ingverit, muskaatpähklit ja kaneeli väikesele pannile ning laske aeg-ajalt segades keema tõusta, kuni suhkur on lahustunud.
b) Kurna kannu, visake terved vürtsid ära, seejärel pange tagasi pannile ja keetke piimaga kaer vastavalt pakendi juhistele. Tõsta lusikaga kaussi.
c) Segage ülejäänud ¼ teelusikatäit ingverit, muskaatpähkel ja kaneel ühtlaseks seguks, seejärel pühkige pudru pealt tolmu, kasutades latte malli, et luua unikaalne muster, kui soovite.

VÄIKESED TALDISED

16.Vürtsitud pliidipopkorn

KOOSTISOSAD:
- 1 spl õli
- ½ tassi (100 g) kuumtöötlemata popkorni tuuma
- 1 tl jämedat meresoola
- 1 tl garam masala, Chaat Masala või Sambhar Masala

JUHISED:
a) Kuumuta sügaval ja raskel pannil õli keskmisel-kõrgel kuumusel.
b) Lisa popkorni tuumad.
c) Kata pann kaanega ja keera kuumus keskmisele-madalale.
d) Küpseta, kuni hüppamine aeglustub, 6–8 minutit.
e) Lülitage kuumus välja ja laske popkornil veel 3 minutit kaanega seista.
f) Puista peale soola ja masala. Serveeri kohe.
g) Võtke tangidega üks papad korraga ja soojendage seda pliidi kohal. Kui teil on gaasipliit, küpseta seda otse leegi kohal, puhudes ettevaatlikult põlema süttivad killud. Pöörake neid pidevalt edasi-tagasi, kuni kõik osad on küpsed ja krõbedad. Kui kasutate elektripliiti, soojendage neid põleti kohale asetatud restil ja keerake pidevalt, kuni need on krõbedad. Olge ettevaatlik - need põlevad kergesti.
h) Lao papad virna ja serveeri kohe suupistena või õhtusöögi kõrvale.

17. Masala Papad

KOOSTISOSAD:
- 1 (6–10) pakend poest ostetud papad (valmistatud läätsedest)
- 2 spl õli
- 1 keskmine punane sibul, kooritud ja hakitud
- 2 keskmist tomatit, tükeldatud
- 1–2 rohelist Tai, serrano või cayenne'i tšillit, varred eemaldatud, peeneks viilutatud
- 1 tl Chaat Masala
- Punane tšillipulber või cayenne, maitse järgi

JUHISED:
a) Võtke tangidega üks papad korraga ja soojendage seda pliidi kohal. Kui teil on gaasipliit, küpseta seda otse leegi kohal, puhudes ettevaatlikult põlema süttivad killud. Parim viis nende valmistamiseks on neid pidevalt ümber pöörata, kuni kõik osad on küpsed ja krõbedad. Kui kasutate elektripliiti, soojendage neid põleti kohale asetatud restil ja keerake pidevalt, kuni need on krõbedad. Olge ettevaatlik - need põlevad kergesti.
b) Asetage papad suurele alusele.
c) Pintselda kondiitripintsliga iga papad kergelt õliga üle.
d) Sega väikeses kausis kokku sibul, tomatid ja tšillid.
e) Tõsta 2 supilusikatäit sibula segu igale papadile.
f) Puista iga papad peale Chaat Masala ja punase tšillipulbriga. Serveeri kohe.

18.Poha (lapitud riis) hernestega

KOOSTISOSAD:

- 1 tass poha (lapitud riis)
- 1/2 tl sinepiseemneid
- 1/2 tl köömneid
- 1/4 tl kurkumipulbrit
- 1/2 tassi rohelisi herneid
- karri lehed
- 2 supilusikatäit maapähkleid
- 1/2 tassi hakitud sibulat
- 1-2 rohelist tšillit, tükeldatud
- Sidrunimahl maitse järgi
- Kaunistuseks hakitud koriandrilehed

JUHISED:

a) Loputage poha ja asetage kõrvale.
b) Kuumuta pannil õli ja lisa sinepiseemned, köömned, karrilehed ja maapähklid.
c) Lisa hakitud sibul, roheline tšilli ja prae, kuni sibul on kuldpruun.
d) Lisa kurkumipulber, rohelised herned ja loputatud poha. Sega hästi.
e) Küpseta, kuni poha on läbi kuumenenud. Enne serveerimist lisa sidrunimahl ja kaunista hakitud koriandrilehtedega.

19. Röstitud Masala pähklid

KOOSTISOSAD:
- 2 tassi (276 g) tooreid india pähkleid
- 2 tassi (286 g) tooreid mandleid
- 1 spl garam masala, Chaat Masala või Sambhar Masala
- 1 tl jämedat meresoola
- 1 spl õli
- ¼ tassi (41 g) kuldseid rosinaid

JUHISED:

a) Seadke ahjurest kõrgeimasse asendisse ja eelsoojendage ahi temperatuurini 425 °F (220 °C). Vooderda küpsetusplaat alumiiniumfooliumiga, et seda oleks lihtne puhastada.

b) Sega sügavas kausis kõik koostisosad, välja arvatud rosinad, kuni pähklid on ühtlaselt kaetud.

c) Laota pähklisegu ühe kihina ettevalmistatud ahjuplaadile.

d) Küpseta 10 minutit, poole küpsetusaja jooksul õrnalt segades, et pähklid küpseksid ühtlaselt.

e) Eemaldage pann ahjust. Lisa rosinad ja lase segul vähemalt 20 minutit jahtuda. See samm on oluline. Keedetud pähklid muutuvad nätskeks, kuid pärast jahtumist saavad nad oma krõmpsuvuse tagasi. Serveeri kohe või säilita õhukindlas anumas kuni kuu aega.

20.Chai-vürtsiga röstitud mandlid ja india pähklid

KOOSTISOSAD:
- 2 tassi (276 g) tooreid india pähkleid
- 2 tassi (286 g) tooreid mandleid
- 1 supilusikatäis Chai Masala
- 1 spl jaggery (gur) või fariinsuhkrut
- ½ tl jämedat meresoola
- 1 spl õli

JUHISED:
a) Seadke ahjurest kõrgeimasse asendisse ja eelsoojendage ahi temperatuurini 425 °F (220 °C). Vooderda küpsetusplaat alumiiniumfooliumiga, et seda oleks lihtne puhastada.
b) Segage sügavas kausis kõik koostisosad ja segage hästi, kuni pähklid on ühtlaselt kaetud.
c) Laota pähklisegu ühe kihina ettevalmistatud ahjuplaadile.
d) Küpseta 10 minutit, segades poole küpsetusaja pealt, et segu küpseks ühtlaselt.
e) Eemaldage küpsetusplaat ahjust ja laske segul umbes 20 minutit jahtuda. See samm on oluline. Keedetud pähklid muutuvad nätskeks, kuid pärast jahtumist saavad nad oma krõmpsuvuse tagasi.
f) Serveeri kohe või säilita õhukindlas anumas kuni kuu aega.

21. Küpsetatud köögiviljade ruudud

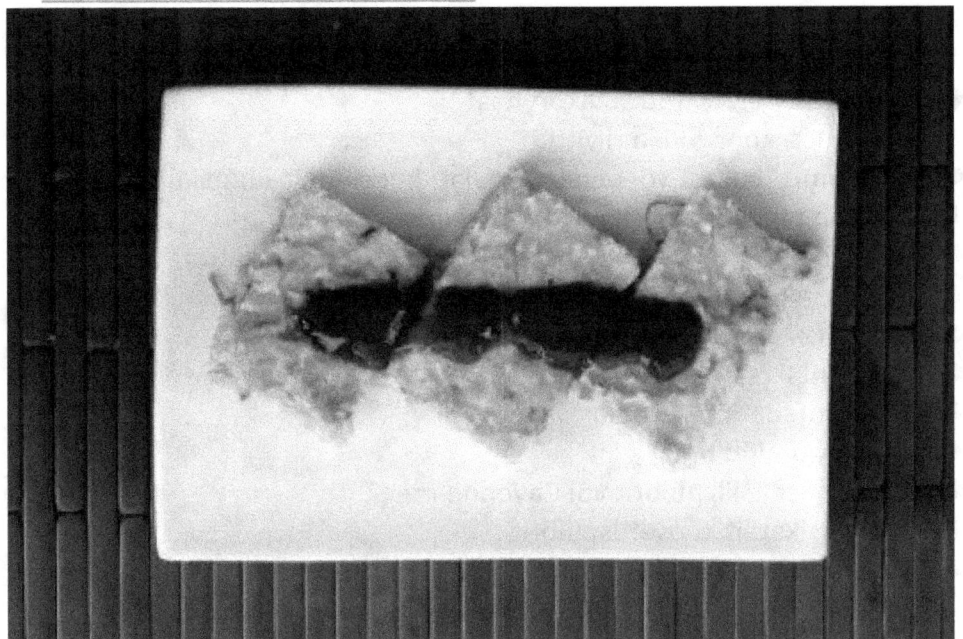

KOOSTISOSAD:
- 2 tassi (140 g) riivitud valget kapsast (½ väikest peast)
- 1 tass (100 g) riivitud lillkapsast (¼ keskmise peaga)
- 1 tass (124 g) riivitud suvikõrvitsat
- ½ kartulit, kooritud ja riivitud
- ½ keskmist kollast või punast sibulat, kooritud ja kuubikuteks lõigatud
- 1-osaline ingverijuur, kooritud ja riivitud või hakitud
- 3–4 rohelist Tai, serrano või cayenne'i tšillit, tükeldatud
- ¼ tassi (4 g) hakitud värsket koriandrit
- 3 tassi (276 g) grammi (kikerherne) jahu (besan)
- ½ 12-untsi pakend siidist tofut
- 1 spl jämedat meresoola
- 1 tl kurkumipulbrit
- 1 tl punase tšilli pulbrit või Cayenne'i
- ¼ teelusikatäit küpsetuspulbrit
- ¼ tassi (59 ml) õli

JUHISED:
a) Seadke ahjurest keskmisele asendile ja eelsoojendage ahi temperatuurini 350 °F (180 °C). Õlita 10-tolline (25 cm) kandiline küpsetusvorm. Kasutage suuremat küpsetuspanni, kui soovite õhemat ja krõbedamat pakorat.
b) Sega sügavas kausis kapsas, lillkapsas, suvikõrvits, kartul, sibul, ingverijuur, tšilli ja koriander.
c) Lisa jahu ja sega aeglaselt, kuni segu on hästi segunenud. See aitab käte abil kõike tõeliselt kokku segada.
d) Köögikombainis, blenderis või võimsamas blenderis blenderda tofu ühtlaseks.
e) Lisage köögiviljasegule segatud tofu, sool, kurkum, punane tšillipulber, küpsetuspulber ja õli. Sega.
f) Vala segu ettevalmistatud ahjuvormi.
g) Küpsetage 45–50 minutit, olenevalt sellest, kui soojaks teie ahi läheb. Roog on valmis, kui keskele torgatud hambaork tuleb puhtana välja.
h) Jahuta 10 minutit ja lõika ruutudeks. Serveeri oma lemmikchutneyga.

22.Chai vürtsidega röstitud pähklid

KOOSTISOSAD:
- 4 tassi soolamata segatud pähkleid
- ¼ tassi vahtrasiirupit
- 3 supilusikatäit sulatatud kookosõli
- 2 spl kookossuhkrut
- 3 tl jahvatatud ingverit
- 2 tl jahvatatud kaneeli
- 2 tl jahvatatud kardemoni
- 1 tl jahvatatud piment
- 1 tl puhast vaniljepulbrit
- ½ tl soola
- ¼ teelusikatäit musta pipart

JUHISED:
a) Kuumuta ahi temperatuurini 325 ° F (163 ° C). Vooderda äärega küpsetusplaat küpsetuspaberiga ja tõsta kõrvale.
b) Sega suures segamiskausis kõik koostisosad, välja arvatud pähklid. Maitselise segu saamiseks segage hästi.
c) Lisa kaussi segatud pähklid ja vispelda, kuni need on vürtsiseguga ühtlaselt kaetud.
d) Laota kaetud pähklid ühtlase kihina ettevalmistatud ahjuplaadile.
e) Rösti pähkleid eelsoojendatud ahjus umbes 20 minutit. Ärge unustage panni pöörata ja pähkleid poole röstimisaja jooksul ühtlaseks küpsetamiseks segada.
f) Kui olete valmis, eemaldage röstitud pähklid ahjust ja laske neil täielikult jahtuda.
g) Säilitage oma chai-vürtsiga röstitud pähkleid õhukindlas anumas toatemperatuuril maitsvaks suupisteks.

23.Kikerhernepaprikad

KOOSTISOSAD:
- 4 tassi keedetud kikerherneid või 2 12-untsi purki kikerherneid
- 1 spl garam masala, Chaat Masala või Sambhar Masala
- 2 tl jämedat meresoola 2 sl õli
- 1 tl punase tšilli pulbrit, Cayenne'i pipart või paprikat, lisaks veel puistamiseks

JUHISED:
a) Seadke ahjurest kõrgeimasse asendisse ja eelsoojendage ahi temperatuurini 425 °F (220 °C). Vooderda küpsetusplaat alumiiniumfooliumiga, et seda oleks lihtne puhastada.
b) Nõruta kikerherned suures kurnis umbes 15 minutit, et võimalikult palju niiskust lahti saada. Kui kasutate konservi, loputage esmalt.
c) Suures kausis segage õrnalt kõik koostisosad.
d) Laota maitsestatud kikerherned ühe kihina ahjuplaadile.
e) Küpseta 15 minutit. Võtke plaat ettevaatlikult ahjust välja, segage õrnalt, et kikerherned küpseksid ühtlaselt, ja küpseta veel 10 minutit.
f) Lase 15 minutit jahtuda. Puista üle punase tšillipulbri, cayenne'i pipra või paprikaga.

24. Röstitud baklažaanid

KOOSTISOSAD:
- 3 keskmist nahaga baklažaani (suur, ümmargune, lilla sort)
- 2 spl õli
- 1 kuhjaga tl köömneid
- 1 tl jahvatatud koriandrit
- 1 tl kurkumipulbrit
- 1 suur kollane või punane sibul, kooritud ja kuubikuteks lõigatud
- 1 (2-tolline [5-cm]) tükk ingverijuurt, kooritud ja riivitud või hakitud
- 8 küüslauguküünt, kooritud ja riivitud või hakitud
- 2 keskmist tomatit, kooritud (võimaluse korral) ja kuubikuteks lõigatud
- 1–4 rohelist Tai, serrano või cayenne'i tšillit, tükeldatud
- 1 tl punase tšilli pulbrit või Cayenne'i
- 1 spl jämedat meresoola

JUHISED:
a) Seadke ahjurest kõrgeimalt teise asendisse. Eelsoojendage broiler temperatuurini 500 °F (260 °C). Vooderda küpsetusplaat alumiiniumfooliumiga, et vältida hilisemat segadust.
b) Torka baklažaanisse kahvliga augud (auru eraldumiseks) ja aseta need ahjuplaadile. Keeda 30 minutit, keerates üks kord. Nahk söeneb ja mõnes piirkonnas põleb, kui need on tehtud. Eemaldage küpsetusplaat ahjust ja laske baklažaanil vähemalt 15 minutit jahtuda. Lõika terava noaga iga baklažaani ühest otsast teise pikuti lõhe ja tõmmake see veidi lahti. Kühveldage röstitud viljaliha seest välja, vältides auru ja võimalikult palju mahla. Asetage röstitud baklažaani viljaliha kaussi – teil on umbes 4 tassi (948 ml).
c) Kuumuta sügaval ja raskel pannil õli keskmisel-kõrgel kuumusel.
d) Lisa köömned ja küpseta, kuni see säriseb, umbes 30 sekundit.
e) Lisa koriander ja kurkum. Segage ja küpseta 30 sekundit.
f) Lisa sibul ja pruunista 2 minutit.
g) Lisa ingverijuur ja küüslauk ning küpseta veel 2 minutit.
h) Lisa tomatid ja tšillid. Keeda 3 minutit, kuni segu pehmeneb.
i) Lisage röstitud baklažaanide viljaliha ja küpseta veel 5 minutit, aeg-ajalt segades, et vältida kleepumist.
j) Lisa punane tšillipulber ja sool. Siinkohal peaksite eemaldama ja ära viskama ka kõik söestunud baklažaani naha tükid.
k) Segage see segu sukelmikseris või eraldi blenderis. Ärge üle pingutage – tekstuuri peaks ikka jääma. Serveeri röstitud naaniviilude, kreekerite või tortillakrõpsudega. Saate seda serveerida ka traditsiooniliselt koos India toiduga, mis koosneb rotist, läätsedest ja raitast.

25.Vürtsikad bataadikotletid

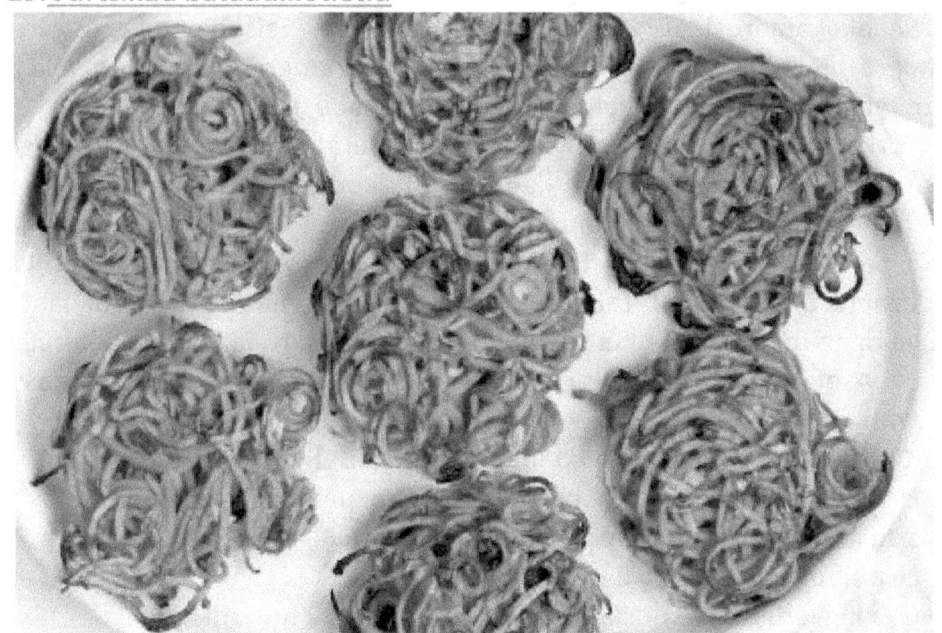

KOOSTISOSAD:
- 1 suur bataat (või valge kartul), kooritud ja tükkideks lõigatud
- ½-tolline (13 mm) täring (umbes 4 tassi [600 g])
- 3 supilusikatäit (45 ml) õli, jagatud
- 1 tl köömneid
- ½ keskmist kollast või punast sibulat, kooritud ja peeneks viilutatud
- 1 (1-tolline [2,5 g]) ingverijuur, kooritud ja riivitud või hakitud
- 1 tl kurkumipulbrit
- 1 tl jahvatatud koriandrit
- 1 tl garam masala
- 1 tl punase tšilli pulbrit või Cayenne'i
- 1 tass (145 g) värskeid või külmutatud herneid (esmalt sulatage)
- 1–2 rohelist Tai, serrano või cayenne'i tšillit, tükeldatud
- 1 tl jämedat meresoola
- ½ tassi (46 g) grammi (kikerherne) jahu (besan)
- 1 spl sidrunimahla
- Kaunistuseks hakitud värsket peterselli või koriandrit

JUHISED:

a) Aurutage kartul pehmeks, umbes 7 minutit. Lase jahtuda. Kasutage selle õrnalt purustamiseks käsi või kartulipuderit. Sel hetkel on teil umbes 3 tassi (630 g) kartuliputru.

b) Kuumuta madalal praepannil 2 supilusikatäit õli keskmisel-kõrgel kuumusel.

c) Lisa köömned ja küpseta, kuni see säriseb ja on kergelt pruunistunud, umbes 30 sekundit.

d) Lisage sibul, ingverijuur, kurkum, koriander, garam masala ja punane tšillipulber. Küpseta pehmeks, veel 2–3 minutit. Lase segul jahtuda.

e) Kui see on jahtunud, lisage segu kartulitele, seejärel herned, roheline tšilli, sool, grammjahu ja sidrunimahl.

f) Sega hästi käte või suure lusikaga.

g) Vormi segust väikesed pätsikesed ja tõsta need alusele.

h) Kuumuta suurel ja raskel pannil keskmisel-kõrgel kuumusel ülejäänud 1 spl õli. Küpseta kotleteid 2–4 partiidena, olenevalt panni suurusest, umbes 2–3 minutit mõlemalt küljelt, kuni need on pruunistunud.

i) Serveeri kuumalt, kaunistatud hakitud värske peterselli või koriandriga. Seda kotti saab süüa võileivana, salatipeenral või eelroa lõbusa lisandina . Segu säilib külmkapis umbes 3-4 päeva. Traditsioonilisema pätsi valmistamiseks kasutage bataadi asemel tavalist kartulit.

26.Sharoni köögiviljasalati võileivad

KOOSTISOSAD:
- 1 suur tomat, lõigatud paksudeks viiludeks
- 1 suur paprika, õhukeselt rõngasteks viilutatud
- 1 suur punane sibul, kooritud ja õhukesteks rõngasteks viilutatud
- 1 sidruni mahl
- ½ tl jämedat meresoola
- ½ tl musta soola (kala namak)

JUHISED:

a) Laota köögiviljad taldrikule esmalt tomatite, seejärel paprikate ja peale kihiti sibularõngastega.

b) Piserdage köögivilju sidrunimahla, meresoola ja musta soolaga.

c) Serveeri kohe. Esimurul istumine ja võileibade valmistamine on valikuline.

27. Sojajogurt Raita

KOOSTISOSAD:
- 1 tass (237 ml) tavalist magustamata sojajogurtit
- 1 kurk, kooritud, riivitud ja pressitud, et eemaldada liigne vesi
- ½ tl röstitud jahvatatud köömneid
- ½ tl jämedat meresoola
- ½ tl musta soola (kala namak)
- ½ tl punase tšilli pulbrit
- ½ sidruni või laimi mahl

JUHISED:
a) Sega kausis kõik koostisained kokku. Serveeri kohe.

28.Põhja-India hummus

KOOSTISOSAD:
- 2 tassi (396 g) keedetud terveid ube või läätsi
- 1 keskmise sidruni mahl
- 1 küüslauguküüs, kooritud, tükeldatud ja jämedalt hakitud
- 1 tl jämedat meresoola
- 1 tl jahvatatud musta pipart
- ½ tl röstitud jahvatatud köömneid
- ½ tl jahvatatud koriandrit
- ¼ tassi (4 g) hakitud värsket koriandrit
- ⅓ tassi (79 ml) pluss 1 spl oliiviõli
- 1–4 supilusikatäit (15–60 ml) vett
- ½ tl paprikat, kaunistuseks

JUHISED:

a) Sega köögikombainis oad või läätsed, sidrunimahl, küüslauk, sool, must pipar, köömned, koriander ja koriander. Töötle kuni hästi segunemiseni.

b) Kui masin töötab, lisage õli. Jätka töötlemist, kuni segu on kreemjas ja ühtlane, lisades vett vastavalt vajadusele 1 spl kaupa.

29.Chai vürtsidega popkorn

KOOSTISOSAD:
- 3 supilusikatäit kookosõli
- ½ tassi popkorni tuuma
- 1 tl koššersoola
- ½ tl jahvatatud pipart
- ½ tl jahvatatud kaneeli
- ½ tl jahvatatud nelki
- 1 supilusikatäis oliiviõli

JUHISED:
a) Asetage kookosõli ja popkorni tuumad tihedalt suletava kaanega suurde kastrulisse. Kuumuta keskmisel-kõrgel kuumusel, liigutades samal ajal potti pidevalt leegi kohal edasi-tagasi.
b) Jätka poti raputamist, kuni hüppamine hakkab aeglustuma. Eemaldage see tulelt ja viige poputatud mais kaussi. Puista peale oma maitse järgi soola.
c) Eraldi väikeses kausis segage piment, kaneel ja nelk.
d) Mõnusa chai-vürtsiga maiuspala saamiseks segage värskelt popkorn koos vürtsisegu ja oliiviõliga.

KIKERA, OAD JA LÄÄTSED

30.Röstitud Masala oad või läätsed

KOOSTISOSAD:
- 4 tassi keedetud terveid ube või läätsi
- 1 spl garam masala, Chaat Masala või Sambhar Masala
- 2 tl jämedat meresoola
- 2 spl õli
- 1 tl punase tšilli pulbrit, cayenne'i või paprikat

JUHISED:
a) Kuumuta ahi temperatuurini 425 °F (220 °C). Vooderda küpsetusplaat alumiiniumfooliumiga, et seda oleks lihtne puhastada.
b) Segage suures kausis õrnalt oad või läätsed, masala, sool ja õli.
c) Laota maitsestatud oad või läätsed ühe kihina ettevalmistatud ahjuplaadile.
d) Küpseta 25 minutit.
e) Puista üle punase tšilli, cayenne'i või paprikaga.

31. Quickie Masala oad või läätsed

KOOSTISOSAD:
- 1 tass (237 ml) Gila Masala
- 1 tass (150 g) hakitud köögivilju
- 1–3 Tai, serrano või cayenne'i tšillit, tükeldatud
- 1 tl garam masala
- 1 tl jahvatatud koriandrit
- 1 tl röstitud jahvatatud köömneid
- ½ tl punase tšilli pulbrit või Cayenne'i
- 1½ tl jämedat meresoola
- 2 tassi (474 ml) vett
- 2 tassi (396 g) keedetud terveid ube või läätsi
- 1 spl hakitud värsket koriandrit kaunistuseks

JUHISED:
a) Kuumutage Gila Masala sügavas ja raskes kastrulis keskmisel kõrgel kuumusel, kuni see hakkab mullitama.

b) Lisa köögiviljad, tšilli, garam masala, koriander, köömned, punase tšilli pulber, sool ja vesi. Küpseta, kuni köögiviljad pehmenevad, 15 kuni 20 minutit.

c) Lisa oad või läätsed. Küpseta, kuni see on läbi soojenenud.

d) Kaunista koriandriga ja serveeri kohe pruuni või valge basmati riisi, roti või naaniga.

32.Põhja-India karrioad või läätsed

KOOSTISOSAD:
- 2 spl õli
- ½ tl asafetida (hing)
- 2 tl köömneid
- ½ tl kurkumipulbrit
- 1 kaneelipulk
- 1 kassia leht (või loorberileht)
- ½ keskmist kollast või punast sibulat, kooritud ja hakitud
- 1-osaline ingverijuur, kooritud ja riivitud või hakitud
- 4 küüslauguküünt, kooritud ja riivitud või hakitud
- 2 suurt tomatit, kooritud ja kuubikuteks lõigatud
- 2–4 rohelist Tai, serrano või cayenne'i tšillit, tükeldatud
- 4 tassi keedetud terveid ube või läätsi
- 4 tassi vett
- 1½ tl jämedat meresoola
- 1 tl punase tšilli pulbrit või Cayenne'i
- 2 spl hakitud värsket koriandrit kaunistuseks

JUHISED:
a) Kuumuta tugevas potis õli keskmisel-kõrgel kuumusel.

b) Lisage asafetida, köömned, kurkum, kaneel ja kassialeht ning küpseta, kuni seemned särisevad, umbes 30 sekundit.

c) Lisa sibul ja küpseta, kuni see on kergelt pruunistunud, umbes 3 minutit. Segage sageli, et sibul panni külge ei jääks.

d) Lisa ingverijuur ja küüslauk. Küpseta veel 2 minutit.

e) Lisa tomatid ja rohelised tšillid.

f) Alanda kuumust keskmisele madalale ja küpseta 3–5 minutit, kuni tomatid hakkavad lagunema.

g) Lisa oad või läätsed ja küpseta veel 2 minutit.

h) Lisage vesi, sool ja punane tšillipulber. Kuumuta keemiseni.

i) Kui segu keeb, vähenda kuumust ja hauta 10–15 minutit.

j) Kaunista koriandriga ja serveeri pruuni või valge basmati riisi, roti või naaniga.

33. Lõuna-India oad karri lehtedega

KOOSTISOSAD:
- 2 spl kookosõli
- ½ tl asafetida pulbrit (hing)
- ½ tl kurkumipulbrit
- 1 tl köömneid
- 1 tl musta sinepiseemneid
- 15–20 värsket karrilehte, jämedalt hakitud
- 6 tervet kuivatatud punast tšiili paprikat, jämedalt hakitud
- ½ keskmist kollast või punast sibulat, kooritud ja kuubikuteks lõigatud
- 1 (14 untsi [420 ml]) võib kookospiima, lahjat või täisrasvast
- 1 tass (237 ml) vett
- 1 tl Rasami pulbrit või Sambhar Masalat
- 1½ tl jämedat meresoola
- 1 tl punase tšilli pulbrit või Cayenne'i
- 3 tassi (576 g) keedetud terveid ube või läätsi
- 1 spl hakitud värsket koriandrit kaunistuseks

JUHISED:

a) Kuumuta sügavas ja raskes potis õli keskmisel-kõrgel kuumusel.

b) Lisage asafetida, kurkum, köömned, sinep, karri lehed ja punane tšillipipar. Küpseta, kuni seemned särisevad, umbes 30 sekundit. Sinepiseemned võivad paiskuda, nii et hoidke kaas käepärast.

c) Lisa sibul. Küpseta kuni pruunistumiseni, umbes 2 minutit, kleepumise vältimiseks sageli segades.

d) Lisage kookospiim, vesi, Rasami pulber või Sambhar Masala, sool ja punane tšillipulber. Kuumuta keemiseni, seejärel alanda kuumust ja hauta 1–2 minutit, kuni maitsed imbuvad piima.

e) Lisa oad või läätsed. Soojendage läbi ja hautage 2–4 minutit, kuni kaunviljad on maitsestatud. Lisage veel üks tass vett, kui soovite supisemat konsistentsi. Serveeri kohe, koriandriga kaunistatud, sügavates kaussides pruuni või valge basmati riisiga.

34. Goani inspireeritud karri kookospiimaga

KOOSTISOSAD:
- 1 spl õli
- ½ suurt sibulat, kooritud ja kuubikuteks lõigatud
- 1-osaline ingverijuur, kooritud ja riivitud või hakitud
- 4 küüslauguküünt, kooritud ja riivitud või hakitud
- 1 suur tomat, tükeldatud (2 tassi)
- 1–3 rohelist Tai, serrano või cayenne'i tšillit, tükeldatud
- 1 spl jahvatatud koriandrit
- 1 spl jahvatatud köömneid
- 1 tl kurkumipulbrit
- 1 tl tamarindipastat
- 1 kuhjaga teelusikatäis jaggery (gur) või fariinsuhkrut
- 1½ tl jämedat meresoola
- 3 tassi (711 ml) vett
- 4 tassi keedetud terveid läätsi või ube (traditsioonilised on mustad herned)
- 1 tass (237 ml) kookospiima, tavaline või kerge
- ½ keskmise sidruni mahl
- 1 spl hakitud värsket koriandrit kaunistuseks

JUHISED:
a) Kuumuta sügavas ja raskes potis õli keskmisel-kõrgel kuumusel.
b) Lisa sibul ja küpseta 2 minutit, kuni see on kergelt pruunistunud.
c) Lisa ingverijuur ja küüslauk. Küpseta veel minut.
d) Lisage tomat, tšilli, koriander, köömned, kurkum, tamarind, jagger, sool ja vesi.
e) Kuumuta keemiseni, alanda kuumust ja hauta kaaneta 15 minutit.
f) Lisa läätsed või oad ja kookospiim ning kuumuta läbi.
g) Lisa sidrunimahl ja kaunista koriandriga. Serveeri pruuni või valge basmati riisi, roti või naaniga.

35.Chana Masala kaunviljad

KOOSTISOSAD:
- 2 spl õli
- 1 kuhjaga teelusikatäis köömneid
- ½ tl kurkumipulbrit
- 2 supilusikatäit Chana Masala
- 1 suur kollane või punane sibul, kooritud ja kuubikuteks lõigatud
- 1 (2-tolline [5-cm]) tükk ingverijuurt, kooritud ja riivitud või hakitud
- 4 küüslauguküünt, kooritud ja riivitud või hakitud
- 2 keskmist tomatit, tükeldatud
- 1–3 rohelist Tai, serrano või cayenne'i tšillit, tükeldatud
- 1 tl punase tšilli pulbrit või Cayenne'i
- 1 spl jämedat meresoola
- 1 tass (237 ml) vett
- 4 tassi keedetud terveid ube või läätsi (valged kikerherned on traditsioonilised)

JUHISED:
a) Kuumuta sügaval ja raskel pannil õli keskmisel-kõrgel kuumusel.
b) Lisage köömned, kurkum ja Chana Masala ning küpseta, kuni seemned särisema, umbes 30 sekundit.
c) Lisa sibul ja küpseta pehmeks, umbes minut.
d) Lisa ingverijuur ja küüslauk. Küpseta veel minut.
e) Lisa tomatid, rohelised tšillipulber, punane tšillipulber, sool ja vesi.
f) Kuumuta keemiseni, alanda kuumust ja hauta segu 10 minutit, kuni kõik koostisosad segunevad.
g) Lisa oad või läätsed ja küpseta läbi. Serveeri pruuni või valge basmati riisi või roti või naaniga.

36. Pandžabi karrioad

KOOSTISOSAD:
- 1 keskmine kollane või punane sibul, kooritud ja jämedalt tükeldatud
- 1-osaline ingverijuur, kooritud ja jämedalt tükeldatud
- 4 küüslauguküünt, kooritud ja lõigatud
- 2–4 rohelist Tai, serrano või cayenne'i tšillit
- 2 spl õli
- ½ tl asafetida (hing)
- 2 tl köömneid
- 1 tl kurkumipulbrit
- 1 kaneelipulk
- 2 tervet nelki
- 1 musta kardemoni kaun
- 2 keskmist tomatit, kooritud ja tükeldatud (1 tass)
- 2 spl tomatipastat
- 4 tassi keedetud terveid ube või läätsi
- 2 tassi (474 ml) vett
- 2 tl jämedat meresoola
- 2 tl garam masala
- 1 tl punase tšilli pulbrit või Cayenne'i
- 2 kuhjaga supilusikatäit hakitud värsket koriandrit

JUHISED:

a) Töötle köögikombainis sibul, ingverijuur, küüslauk ja tšilli vesiseks pastaks.

b) Kuumuta sügaval ja raskel pannil õli keskmisel-kõrgel kuumusel.

c) Lisage asafetida, köömned, kurkum, kaneel, nelk ja kardemon. Küpseta, kuni segu säriseb, umbes 30 sekundit.

d) Lisa aeglaselt sibulapasta. Olge ettevaatlik – kuuma õliga kokku puutudes võib see pritsida. Küpseta kuni pruunistumiseni, aeg-ajalt segades, umbes 2 minutit.

e) Lisage tomatid, tomatipasta, läätsed või oad, vesi, sool, garam masala ja punane tšillipulber.

f) Kuumuta segu keemiseni, seejärel alanda kuumust ja hauta 10 minutit.

g) Eemalda terved vürtsid. Lisage koriander ja serveerige pruuni või valge basmati riisi peal.

37. Pliidiplaat Sambharist inspireeritud karri

KOOSTISOSAD:
- 2 tassi (396 g) keedetud terveid ube või läätsi
- 9 tassi (2,13 L) vett
- 1 keskmine kartul, kooritud ja kuubikuteks lõigatud
- 1 tl tamarindipastat
- 5 tassi (750 g) köögivilju (kasutage erinevaid), kuubikuteks lõigatud ja julieneeritud
- 2 kuhjaga supilusikatäit Sambhar Masala
- 1 spl õli
- 1 tl asafetida pulbrit (hing) (valikuline)
- 1 spl musta sinepiseemneid
- 5–8 tervet kuivatatud punast tšillit, jämedalt hakitud
- 8–10 värsket karrilehte, jämedalt hakitud
- 1 tl punase tšilli pulbrit või Cayenne'i
- 1 spl jämedat meresoola

JUHISED:
a) Segage sügavas supipotis keskmisel-kõrgel kuumusel oad või läätsed, vesi, kartul, tamarind, köögiviljad ja Sambhar Masala. Kuumuta keemiseni.
b) Alanda kuumust ja hauta 15 minutit, kuni köögiviljad närbuvad ja pehmenevad.
c) Valmista karastus (tarka). Kuumuta väikesel pannil õli keskmisel-kõrgel kuumusel. Lisa asafetida (kui kasutad) ja sinepiseemned. Sinep kipub hüppama, nii et hoidke kaas käepärast.
d) Kui seemned hakkavad paistma, lisage kiiresti punased tšillid ja karrilehed. Keeda veel 2 minutit, sageli segades.
e) Kui karri lehed hakkavad pruunistuma ja kõverduma, lisage see segu läätsedele. Küpseta veel 5 minutit.
f) Lisa punane tšillipulber ja sool. Serveeri rammusa supina, dosa traditsioonilise lisandina või pruuni või valge basmati riisiga.

38. Aeglaselt keedetud oad ja läätsed

KOOSTISOSAD:
- 2 tassi (454 g) kuivatatud lima ube, korjatud ja pestud
- ½ keskmist kollast või punast sibulat, kooritud ja jämedalt tükeldatud
- 1 keskmine tomat, tükeldatud
- 1 tükk ingverijuurt, kooritud ja riivitud või hakitud
- 2 küüslauguküünt, kooritud ja riivitud või hakitud
- 1–3 rohelist Tai, serrano või cayenne'i tšillit, tükeldatud
- 3 tervet nelki
- 1 kuhjaga teelusikatäis köömneid
- 1 tl punase tšilli pulbrit või Cayenne'i
- kuhjaga teelusikatäis jämedat meresoola
- ½ tl kurkumipulbrit
- ½ tl garam masala
- 7 tassi (1,66 L) vett
- ¼ tassi (4 g) hakitud värsket koriandrit

JUHISED:
a) Pange aeglasesse pliiti kõik koostisosad, välja arvatud koriander. Keeda kõrgel kuumusel 7 tundi, kuni oad lagunevad ja muutuvad veidi kreemjaks.

b) Umbes poole küpsetusprotsessi pealt näevad oad välja nagu need on valmis, kuid jätkake aeglast pliidi töötamist. Karri on endiselt vesine ja vajab edasist keetmist.

c) Eemaldage nelk, kui leiate need. Lisa värske koriander ja serveeri basmati riisi või roti või naaniga.

39.Chana ja Split Moong Dal piprahelvestega

KOOSTISOSAD:
- 1 tass (192 g) poolitatud grammi (chana dal), korjatakse üle ja pestakse
- 1 tass (192 g) kuivatatud koorega lõhestatud rohelisi läätsi (moong dal), korjatud ja pestud
- ½ keskmist kollast või punast sibulat, kooritud ja kuubikuteks lõigatud
- 1-osaline ingverijuur, kooritud ja riivitud või hakitud
- 4 küüslauguküünt, kooritud ja riivitud või hakitud
- 1 keskmine tomat, kooritud ja kuubikuteks lõigatud
- 1–3 rohelist Tai, serrano või cayenne'i tšillit, tükeldatud
- 1 spl pluss 1 tl köömneid, jagatud
- 1 tl kurkumipulbrit
- 2 tl jämedat meresoola
- 1 tl punase tšilli pulbrit või Cayenne'i
- 6 tassi vett
- 2 spl õli
- 1 tl punase pipra helbeid
- 2 supilusikatäit hakitud värsket koriandrit

JUHISED:
a) Pange aeglasesse pliidisse poolitatud gramm, rohelised läätsed, sibul, ingverijuur, küüslauk, tomat, tšilli, 1 supilusikatäis köömneid, kurkum, sool, punase tšilli pulber ja vesi. Küpseta kõrgel kuumusel 5 tundi.
b) Küpsetusaja lõpus kuumutage õli madalal pannil keskmisel-kõrgel kuumusel.
c) Lisa ülejäänud 1 tl köömneid.
d) Kui see on särisev, lisage punase pipra helbed. Küpseta veel maksimaalselt 30 sekundit. Kui küpsetate seda liiga kaua, muutuvad helbed liiga kõvaks.
e) Lisage see segu koos koriandriga läätsedele.
f) Serveeri seda üksi supina või pruuni või valge basmati riisi, roti või naaniga.

KÖÖGIVILJAD

40.Maitsestatud tofu ja tomatid

KOOSTISOSAD:
- 2 spl õli
- 1 kuhjaga supilusikatäis köömneid
- 1 tl kurkumipulbrit
- 1 keskmine punane või kollane sibul, kooritud ja hakitud
- 1 (2-tolline [5-cm]) tükk ingverijuurt, kooritud ja riivitud või hakitud
- 6 küüslauguküünt, kooritud ja riivitud või hakitud
- 2 keskmist tomatit, kooritud (valikuline) ja tükeldatud (3 tassi [480 g])
- 2–4 rohelist Tai, serrano või cayenne'i tšillit, tükeldatud
- 1 spl tomatipastat
- 1 spl garam masala
- 1 supilusikatäis kuivatatud lambaläätse lehti (kasoori methi), mis on nende maitse vabastamiseks kergelt purustatud
- 1 tass (237 ml) vett
- 2 tl jämedat meresoola
- 1 tl punase tšilli pulbrit või Cayenne'i
- 2 keskmist rohelist paprikat, seemnetest puhastatud ja kuubikuteks lõigatud (2 tassi)
- 2 (14 untsi [397 g]) pakki eriti tugevat orgaanilist tofut, küpsetatud ja kuubikuteks lõigatud

JUHISED:

a) Kuumuta suurel ja raskel pannil õli keskmisel-kõrgel kuumusel.

b) Lisa köömned ja kurkum. Küpseta, kuni seemned särisevad, umbes 30 sekundit.

c) Lisa sibul, ingverijuur ja küüslauk. Küpseta 2–3 minutit, kuni see on kergelt pruunistunud, aeg-ajalt segades.

d) Lisage tomatid, tšilli, tomatipasta, garam masala, lambaläätsed, vesi, sool ja punane tšillipulber. Alanda veidi kuumust ja hauta kaaneta 8 minutit.

e) Lisage paprika ja küpseta veel 2 minutit. Lisa tofu ja sega õrnalt läbi. Küpseta veel 2 minutit, kuni see on läbi kuumenenud. Serveeri pruuni või valge basmati riisi, roti või naaniga.

41. Köömne kartulihash

KOOSTISOSAD:
- 1 spl õli
- 1 spl köömneid
- ½ tl asafetida (hing)
- ½ tl kurkumipulbrit
- ½ tl mangopulbrit (amchur)
- 1 väike kollane või punane sibul, kooritud ja kuubikuteks lõigatud
- 1-osaline ingverijuur, kooritud ja riivitud või hakitud
- 3 suurt keedetud kartulit (mis tahes), kooritud ja kuubikuteks lõigatud (4 tassi [600 g])
- 1 tl jämedat meresoola
- 1–2 rohelist Tai, serrano või cayenne'i tšillit, varred eemaldatud, õhukesteks viiludeks
- ¼ tassi (4 g) hakitud värsket koriandrit, hakitud ½ sidruni mahl

JUHISED:

a) Kuumuta sügaval ja raskel pannil õli keskmisel-kõrgel kuumusel.

b) Lisage köömned, asafetida, kurkum ja mangopulber. Küpseta, kuni seemned särisevad, umbes 30 sekundit.

c) Lisa sibul ja ingverijuur. Küpseta veel minut, segades, et vältida kleepumist.

d) Lisa kartulid ja sool. Sega korralikult läbi ja küpseta, kuni kartul on läbi soojenenud.

e) Vala peale tšilli, koriander ja sidrunimahl. Serveeri kõrvale roti või naaniga või besan poora või dosa sisse keeratuna. See sobib suurepäraselt köögiviljavõileiva täidisena või isegi salatitopsis serveerimiseks.

42.Sinepiseemnekartuli räsi

KOOSTISOSAD:
- 1 supilusikatäis jagatud grammi (chana dal)
- 1 spl õli
- 1 tl kurkumipulbrit
- 1 tl musta sinepiseemneid
- 10 karrilehte, jämedalt tükeldatud
- 1 väike kollane või punane sibul, kooritud ja kuubikuteks lõigatud
- 3 suurt keedetud kartulit (mis tahes), kooritud ja kuubikuteks lõigatud (4 tassi [600 g])
- 1 tl jämedat valget soola
- 1–2 rohelist Tai, serrano või cayenne'i tšillit, varred eemaldatud, õhukeseks viilutatud

JUHISED:
a) Leotage poolitatud grammi keedetud vees, kuni valmistate ülejäänud koostisosi.
b) Kuumuta sügaval ja raskel pannil õli keskmisel-kõrgel kuumusel.
c) Lisa kurkum, sinep, karrilehed ja nõrutatud poolgramm. Olge ettevaatlik, seemned kipuvad hüppama ja leotatud läätsed võivad õli pritsida, nii et võite vajada kaant. Küpseta 30 sekundit, segades, et vältida kleepumist.
d) Lisa sibul. Küpseta, kuni see on kergelt pruunistunud, umbes 2 minutit.
e) Lisage kartulid, sool ja tšillid. Küpseta veel 2 minutit. Serveeri kõrvale roti või naaniga või besan poora või dosa sisse keeratuna. See sobib suurepäraselt köögiviljavõileiva täidisena või isegi salatitopsis serveerimiseks.

43. Pandžabi stiilis kapsas

KOOSTISOSAD:
- 3 supilusikatäit (45 ml) õli
- 1 spl köömneid
- 1 tl kurkumipulbrit
- ½ kollast või punast sibulat, kooritud ja kuubikuteks lõigatud
- 1-osaline ingverijuur, kooritud ja riivitud või hakitud
- 6 küüslauguküünt, kooritud ja hakitud
- 1 keskmine kartul, kooritud ja kuubikuteks lõigatud
- 1 keskmine peakapsas, välimised lehed eemaldatud ja peeneks hakitud (umbes 8 tassi [560 g])
- 1 tass (145 g) värskeid või külmutatud herneid
- 1 roheline Tai, serrano või cayenne'i tšilli, vars eemaldatud, tükeldatud
- 1 tl jahvatatud koriandrit
- 1 tl jahvatatud köömneid
- 1 tl jahvatatud musta pipart
- ½ tl punase tšilli pulbrit või Cayenne'i
- 1½ tl meresoola

JUHISED:

a) Pange kõik koostisosad aeglasesse pliidiplaadisse ja segage õrnalt.

b) Keeda madalal kuumusel 4 tundi. Serveeri valge või pruuni basmati riisi, roti või naaniga. See on suurepärane pita täiteaine, millele on lisatud veidi sojajogurti raita.

44. Kapsas sinepiseemnete ja kookospähkliga

KOOSTISOSAD:
- 2 supilusikatäit terveid, kooritud musti läätsi (sabut urud dal)
- 2 spl kookosõli
- ½ tl asafetida (hing)
- 1 tl musta sinepiseemneid
- 10–12 karrilehte, jämedalt hakitud
- 2 supilusikatäit magustamata hakitud kookospähklit
- 1 keskmine peakapsas, tükeldatud (8 tassi [560 g])
- 1 tl jämedat meresoola
- 1–2 Tai, serrano või cayenne'i tšillit, varred eemaldatud, pikuti viilutatud

JUHISED:

a) Leota läätsed keedetud vees, et need ülejäänud koostisosade valmistamise ajal pehmeneksid.

b) Kuumuta sügaval ja raskel pannil õli keskmisel-kõrgel kuumusel.

c) Lisa asafetida, sinep, nõrutatud läätsed, karrilehed ja kookospähkel. Kuumutage, kuni seemned hüppavad, umbes 30 sekundit. Olge ettevaatlik, et mitte põletada karrilehti ega kookospähklit. Seemned võivad välja paiskuda, nii et hoidke käepärast kaas.

d) Lisa kapsas ja sool. Keeda regulaarselt segades 2 minutit, kuni kapsas lihtsalt närbub.

e) Lisa tšillid. Serveeri kohe sooja salatina, külmana või koos roti või naaniga.

45.Oad kartulitega

KOOSTISOSAD:
- 1 spl õli
- 1 tl köömneid
- ½ tl kurkumipulbrit
- 1 keskmine punane või kollane sibul, kooritud ja kuubikuteks lõigatud
- 1-osaline ingverijuur, kooritud ja riivitud või hakitud
- 3 küüslauguküünt, kooritud ja riivitud või hakitud
- 1 keskmine kartul, kooritud ja kuubikuteks lõigatud
- ¼ tassi (59 ml) vett
- 4 tassi (680 g) hakitud ube (13 mm pikk)
- 1–2 Tai, serrano või cayenne'i tšillit, tükeldatud
- 1 tl jämedat meresoola
- 1 tl punase tšilli pulbrit või Cayenne'i

JUHISED:

a) Kuumutage õli raskel sügaval pannil keskmisel-kõrgel kuumusel.

b) Lisa köömned ja kurkum ning küpseta, kuni seemned särisevad, umbes 30 sekundit.

c) Lisa sibul, ingverijuur ja küüslauk. Küpseta kergelt pruuniks, umbes 2 minutit.

d) Lisa kartul ja küpseta pidevalt segades veel 2 minutit. Lisage vett, et vältida kleepumist.

e) Lisa oad. Keeda 2 minutit, aeg-ajalt segades.

f) Lisa tšilli, sool ja punane tšillipulber.

g) Alandage kuumust keskmiselt madalale ja katke pann osaliselt kaanega. Keeda 15 minutit, kuni oad ja kartul on pehmed. Lülitage kuumus välja ja laske pannil kaanega samal põletil veel 5–10 minutit seista.

h) Serveeri valge või pruuni basmati riisi, roti või naaniga.

46.Baklažaan kartuliga

KOOSTISOSAD:
- 2 spl õli
- ½ tl asafetida (hing)
- 1 tl köömneid
- ½ tl kurkumipulbrit
- 1 (2-tolline [5-cm]) tükk ingverijuurt, kooritud ja lõigatud ½ tolli (13 mm) pikkusteks tikutopsideks
- 4 küüslauguküünt, kooritud ja jämedalt hakitud
- 1 keskmine kartul, kooritud ja jämedalt tükeldatud
- 1 suur sibul, kooritud ja jämedalt tükeldatud
- 1–3 Tai, serrano või cayenne'i tšillit, tükeldatud
- 1 suur tomat, jämedalt hakitud
- 4 keskmist koorega baklažaani, jämedalt tükeldatud, puitunud otstega (8 tassi [656 g])
- 2 tl jämedat meresoola
- 1 spl garam masala
- 1 spl jahvatatud koriandrit
- 1 tl punase tšilli pulbrit või Cayenne'i
- 2 spl hakitud värsket koriandrit kaunistuseks

JUHISED:

a) Kuumuta sügaval ja raskel pannil õli keskmisel-kõrgel kuumusel.

b) Lisage asafetida, köömned ja kurkum. Küpseta, kuni seemned särisevad, umbes 30 sekundit.

c) Lisa ingverijuur ja küüslauk. Küpseta pidevalt segades 1 minut.

d) Lisa kartul. Küpseta 2 minutit.

e) Lisa sibul ja tšilli ning küpseta veel 2 minutit, kuni need on kergelt pruunid.

f) Lisa tomat ja küpseta 2 minutit. Sel hetkel olete oma roa jaoks aluse loonud.

g) Lisa baklažaan. (Oluline on hoida puitunud otsad, et teie ja teie külalised saaksid hiljem maitsvat lihakat keskosa välja närida.)

h) Lisage sool, garam masala, koriander ja punane tšillipulber. Küpseta 2 minutit.

i) Keera kuumus madalaks, kata pann osaliselt ja küpseta veel 10 minutit.

j) Lülitage kuumus välja, katke pann täielikult kaanega ja laske 5 minutit seista, et kõik maitsed saaksid tõeliselt seguneda. Kaunista koriandriga ja serveeri koos roti või naaniga.

47.Masala rooskapsas

KOOSTISOSAD:

- 1 spl õli
- 1 tl köömneid
- 2 tassi (474 ml) Gila Masala
- 1 tass (237 ml) vett
- 4 supilusikatäit (60 ml) india pähkli koort
- 4 tassi (352 g) kärbitud ja poolitatud rooskapsast
- 1–3 Tai, serrano või cayenne'i tšillit, tükeldatud
- 2 tl jämedat meresoola
- 1 tl garam masala
- 1 tl jahvatatud koriandrit
- 1 tl punase tšilli pulbrit või Cayenne'i
- 2 spl hakitud värsket koriandrit kaunistuseks

JUHISED:

a) Kuumuta sügaval ja raskel pannil õli keskmisel-kõrgel kuumusel.

b) Lisa köömned ja küpseta, kuni seemned särisevad, umbes 30 sekundit.

c) Lisage Põhja-India tomatisupi puljong, vesi, india pähkli koor, rooskapsas, tšilli, sool, garam masala, koriander ja punase tšilli pulber.

d) Kuumuta keemiseni. Alanda kuumust ja hauta kaaneta 10–12 minutit, kuni rooskapsas pehmeneb.

e) Kaunista koriandriga ja serveeri pruuni või valge basmati riisi või roti või naaniga.

48.Peet sinepiseemnete ja kookospähkliga

KOOSTISOSAD:

- 1 spl õli
- 1 tl musta sinepiseemneid
- 1 keskmine kollane või punane sibul, kooritud ja kuubikuteks lõigatud
- 2 tl jahvatatud köömneid
- 2 tl jahvatatud koriandrit
- 1 tl Lõuna-India masala
- 1 supilusikatäis magustamata, hakitud kookospähklit
- 5–6 väikest peeti, kooritud ja tükeldatud (3 tassi [408 g])
- 1 tl jämedat meresoola
- 1½ [356 ml] tassi vett

JUHISED:

a) Kuumuta raskel pannil õli keskmisel-kõrgel kuumusel.

b) Lisa sinepiseemned ja küpseta, kuni need särisevad, umbes 30 sekundit.

c) Lisa sibul ja küpseta, kuni see on kergelt pruunikas, umbes 1 minut.

d) Lisa köömned, koriander, Lõuna-India masala ja kookospähkel. Küpseta 1 minut.

e) Lisa peet ja küpseta 1 minut.

f) Lisa sool ja vesi. Kuumuta keemiseni, alanda kuumust, kata kaanega ja hauta 15 minutit.

g) Lülitage kuumus välja ja laske pannil kaane all 5 minutit seista, et roog saaks kõik maitsed endasse imada. Serveeri pruuni või valge basmati riisi või roti või naaniga.

49.Riivitud Masala squash

KOOSTISOSAD:
- 2 spl õli
- 2 tl köömneid
- 2 tl jahvatatud koriandrit
- 1 tl kurkumipulbrit
- 1 suur kõrvits või kõrvits (sobib igasugune suvi- või suvikõrvits), kooritud ja riivitud (8 tassi [928 g])
- 1 (2-tolline [5 cm]) tükk ingverijuurt, kooritud ja tikutopsideks lõigatud (⅓ tassi [32 g])
- 1 tl jämedat meresoola
- 2 spl vett 1 sidruni mahl
- 2 supilusikatäit hakitud värsket koriandrit

JUHISED:

a) Kuumuta sügaval ja raskel pannil õli keskmisel-kõrgel kuumusel.

b) Lisa köömned, koriander ja kurkum. Küpseta, kuni seemned särisevad, umbes 30 sekundit.

c) Lisa squash, ingverijuur, sool ja vesi. Keeda 2 minutit ja sega hästi.

d) Kata pann kaanega ja alanda kuumust keskmisele madalale. Küpseta 8 minutit.

e) Lisa sidrunimahl ja koriander. Serveeri koos roti või naaniga või tee nagu mina ja serveeri röstitud inglise muffinil, mille peal on õhukeselt viilutatud kollase või punase sibula rõngad.

50.India pähkliga täidetud baklažaan

KOOSTISOSAD:

- ½ tassi (69 g) tooreid india pähkleid
- 20 beebi baklažaani
- 2 spl õli, jagatud
- 1 tl köömneid
- 1 tl koriandri seemneid
- 1 supilusikatäis seesamiseemneid
- ½ tl musta sinepiseemneid
- ½ tl apteegitilli seemneid
- ¼ tl lambaläätse seemneid
- 1 suur kollane või punane sibul, kooritud ja kuubikuteks lõigatud
- 1-osaline ingverijuur, kooritud ja riivitud või hakitud
- 4 küüslauguküünt, kooritud ja jämedalt hakitud
- 1–3 Tai, serrano või cayenne'i tšillit, tükeldatud
- 1 tl kurkumipulbrit
- 1 tl riivitud jaggeri (gur)
- 2 tl garam masala
- 1 spl jämedat meresoola
- 1 tl punase tšilli pulbrit või Cayenne'i
- 1 tass (237 ml) vett, jagatud
- 2 spl hakitud värsket koriandrit kaunistuseks

JUHISED:

a) Leotage india pähkleid vees, kuni valmistate ülejäänud koostisosi.

b) Lõika igasse baklažaani alt 2 risti asetsevat pilu, liikudes varre poole ja peatudes enne baklažaani läbilõikamist. Need peaksid jääma puutumatuks. Kui olete valmis, on teil neli osa, mida hoiab koos roheline puitunud vars. Asetage need veekaussi, kuni valmistate ülejäänud koostisosi. See aitab baklažaane veidi avada, et saaksite neid hiljem paremini täita.

c) Kuumuta raskel pannil 1 spl õli keskmisel-kõrgel kuumusel.

d) Lisa köömned, koriandri, seesami, sinepi, apteegitilli ja lambaläätseseemned. Küpseta, kuni seemned kergelt paiskuvad, umbes 30 sekundit. Ärge küpsetage seda üle - lambalääts võib kibedaks muutuda.

e) Lisa sibul, ingverijuur, küüslauk ja tšilli. Küpseta, kuni sibul on pruunistunud, umbes 2 minutit.

f) Lisa kurkum, jaggery, garam masala, sool, punane tšillipulber ja nõrutatud india pähklid. Küpseta veel 2 minutit, kuni see on hästi segunenud.

g) Tõsta see segu köögikombaini. Lisa ½ tassi (119 ml) vett ja töötle ühtlaseks massiks. Võta aega; peate võib-olla peatuma ja küljed maha kraapima.

h) Baklažaanid on nüüd valmis täidiseks! Ühes käes hoides baklažaani, pane umbes 1 supilusikatäis segu baklažaani südamikusse, kattes kõik küljed.

i) Sulgege baklažaan õrnalt tagasi ja asetage see suurde kaussi, kuni olete kõik baklažaanid täitnud.

j) Kuumuta suurel sügaval pannil keskmisel-kõrgel kuumusel ülejäänud 1 spl õli. Lisa ükshaaval õrnalt baklažaanid. Lisage järelejäänud masala ja ülejäänud ½ tassi vett ning vähendage kuumust keskmiselt madalale. Kata pann kaanega ja küpseta 20 minutit, aeg-ajalt õrnalt segades, jälgides, et baklažaanid jääksid terveks.

k) Lülitage kuumus välja ja laske baklažaanidel 5 minutit seista, et need tõesti läbi küpseksid ja kõik maitsed imenduksid. Kaunista koriandriga ja serveeri riisi või roti või naaniga.

51.Maitsestatud spinat "Paneeriga"

KOOSTISOSAD:

- 2 spl õli
- 1 spl köömneid
- 1 tl kurkumipulbrit
- 1 suur kollane või punane sibul, kooritud ja kuubikuteks lõigatud
- 1 (2-tolline [5-cm]) tükk ingverijuurt, kooritud ja riivitud või hakitud
- 6 küüslauguküünt, kooritud ja riivitud või hakitud
- 2 suurt tomatit, tükeldatud
- 1–2 Tai, serrano või cayenne'i tšillit, tükeldatud
- 2 spl tomatipastat
- 1 tass (237 ml) vett
- 1 spl jahvatatud koriandrit
- 1 spl garam masala
- 2 tl jämedat meresoola
- 12 tassi (360 g) tihedalt pakitud hakitud värsket spinatit
- 1 (14 untsi [397 g]) pakend eriti kõva, orgaaniline tofu, küpsetatud ja kuubikuteks lõigatud

JUHISED:

a) Kuumuta laial ja raskel pannil õli keskmisel-kõrgel kuumusel.
b) Lisa köömned ja kurkum ning küpseta, kuni seemned särisevad, umbes 30 sekundit.
c) Lisa sibul ja küpseta pruuniks umbes 3 minutit, sega õrnalt, et see ei kleepuks.
d) Lisa ingverijuur ja küüslauk. Küpseta 2 minutit.
e) Lisa tomatid, tšillid, tomatipasta, vesi, koriander, garam masala ja sool. Alanda kuumust ja hauta 5 minutit.
f) Lisa spinat. Võimalik, et peate seda tegema partiidena, lisades rohkem, kui see närbub. Näib, et teil on liiga palju spinatit, kuid ärge muretsege. See kõik küpseb. Usalda mind!
g) Küpseta 7 minutit, kuni spinat on närbunud ja küpsenud. Blenderda sukelmikseris või traditsioonilises blenderis.
h) Lisa tofu ja küpseta veel 2–3 minutit. Serveeri koos roti või naaniga.

52. Karrieeritud talvemelon

KOOSTISOSAD:
- 2 spl õli
- ½ tl asafetida
- 1 tl köömneid
- ½ tl kurkumipulbrit
- 1 keskmine talimelon, nahk peale jäetud, kuubikuteks lõigatud
- 1 keskmine tomat, tükeldatud

JUHISED:
a) Kuumuta sügaval ja raskel pannil õli keskmisel-kõrgel kuumusel.
b) Lisage asafetida, köömned ja kurkum ning küpseta, kuni seemned särisevad, umbes 30 sekundit.
c) Lisa talvemelon. Küpseta 3 minutit.
d) Lisage tomat, alandage kuumust ja katke pann osaliselt. Küpseta 15 minutit.
e) Lülitage kuumus välja. Reguleerige kaas nii, et see kataks panni täielikult, ja laske pannil 10 minutit seista, et maitsed täielikult seguneksid.

53.Fenugreek-spinati kartul

KOOSTISOSAD:
- 2 spl õli
- 1 tl köömneid
- 1 12-untsi pakend külmutatud spinatit
- 1½ tassi kuivatatud lambaläätse lehti
- 1 suur kartul, kooritud ja kuubikuteks lõigatud
- 1 tl jämedat meresoola
- ½ tl kurkumipulbrit
- ¼ teelusikatäit punast tšillipulbrit või Cayenne'i
- ¼ tassi (59 ml) vett

JUHISED:
a) Kuumuta raskel pannil õli keskmisel-kõrgel kuumusel.
b) Lisa köömned ja küpseta, kuni seemned särisevad, umbes 30 sekundit.
c) Lisa spinat ja alanda kuumust keskmiselt madalale. Kata pann kaanega ja küpseta 5 minutit.
d) Lisa lambaläätse lehed, sega õrnalt, sulge kaas ja küpseta veel 5 minutit.
e) Lisage kartul, sool, kurkum, punane tšillipulber ja vesi. Sega õrnalt.
f) Pange kaas tagasi ja küpseta 10 minutit.
g) Tõsta pann tulelt ja lase veel 5 minutit kaanega seista. Serveeri koos roti või naaniga.

54. Krabisev Okra

KOOSTISOSAD:
- 2 spl õli
- 1 tl köömneid
- 1 tl kurkumipulbrit
- 1 suur kollane või punane sibul, kooritud ja väga jämedalt tükeldatud
- 1-osaline ingverijuur, kooritud ja riivitud või hakitud
- 3 küüslauguküünt, kooritud ja tükeldatud, hakitud või riivitud
- 2 naela okra, pestud, kuivatatud, kärbitud ja lõigatud
- 1–2 Tai, serrano või cayenne'i tšillit, tükeldatud
- ½ tl mangopulbrit
- 1 tl punase tšilli pulbrit või Cayenne'i
- 1 tl garam masala
- 2 tl jämedat meresoola

JUHISED:
a) Kuumuta sügaval ja raskel pannil õli keskmisel-kõrgel kuumusel. Lisa köömned ja kurkum. Küpseta, kuni seemned hakkavad särisema, umbes 30 sekundit.
b) Lisage sibul ja küpseta, kuni see on pruunistunud, 2–3 minutit. See on minu okra jaoks oluline samm. Suured tükid sibulatükid peaksid üleni pruunistuma ja kergelt karamellistuma. Sellest saab maitsev põhi viimase roa jaoks.
c) Lisa ingverijuur ja küüslauk. Keeda 1 minut, aeg-ajalt segades.
d) Lisage okra ja küpseta 2 minutit, kuni okra muutub erkroheliseks.
e) Lisa tšillipulber, mangopulber, punane tšillipulber, garam masala ja sool. Keeda 2 minutit, aeg-ajalt segades.
f) Alandage kuumust madalaks ja katke pann osaliselt. Keeda 7 minutit, aeg-ajalt segades.
g) Lülitage kuumus välja ja reguleerige kaas nii, et see kataks poti täielikult. Laske sellel 3–5 minutit seista, et kõik maitsed imenduksid.
h) Kaunista koriandriga ja serveeri pruuni või valge basmati riisi, roti või naaniga.

SALATID JA KÜLJED

55. Vürtsikas oasalat

KOOSTISOSAD:
- 4 tassi keedetud ube (või 2 [15 untsi] (426 g) purki, nõrutatud ja loputatud)
- 1 keskmine kartul, keedetud ja tükeldatud
- ½ keskmist punast sibulat, kooritud ja kuubikuteks lõigatud
- 1 keskmine tomat, tükeldatud
- 1-osaline ingverijuur, kooritud ja riivitud või hakitud
- 2–3 rohelist Tai, serrano või cayenne'i tšillit, tükeldatud
- 1 sidruni mahl
- 1 tl musta soola (kala namak)
- 1 tl Chaat Masala
- ½ tl jämedat meresoola
- ½-1 tl punast tšillipulbrit või Cayenne'i
- ¼ tassi (4 g) hakitud värsket koriandrit
- ¼ tassi (59 ml) Tamarindi-datli chutney

JUHISED:
a) Sega suures kausis kokku kõik koostisosad, välja arvatud Tamarind-Date Chutney.

b) Jagage salat väikeste serveerimiskausside vahel ja lisage igale peale supilusikatäis Tamarind-Date Chutney't.

56. Ema Mung Sprout salat

KOOSTISOSAD:
- 1 tass (192 g) idandatud terveid rohelisi läätsi (sabut moong)
- 1 roheline sibul, hakitud
- 1 väike tomat, tükeldatud (½ tassi [80 g])
- ½ väikest punast või kollast paprikat, hakitud (¼ tassi [38 g])
- 1 väike kurk, kooritud ja tükeldatud
- 1 väike kartul, keedetud, kooritud ja tükeldatud
- 1-osaline ingverijuur, kooritud ja riivitud või hakitud
- 1–2 rohelist Tai, serrano või cayenne'i tšillit, tükeldatud
- ¼ tassi (4 g) hakitud värsket koriandrit
- ½ sidruni või laimi mahl
- ½ tl meresoola
- ½ tl punase tšilli pulbrit või Cayenne'i
- ½ tl õli

JUHISED:
a) Kombineerige kõik koostisosad ja segage hästi. Serveeri lisandina salatina või kiire, tervisliku valgurikka vahepalana.
b) Kiireks lõunasöögiks pita sees koos hakitud avokaadoga.

57.Kikerherne Popperi tänava salat

KOOSTISOSAD:
- 4 tassi (948 ml) kikerhernepaprikaid, mis on keedetud mis tahes masalaga
- 1 keskmine kollane või punane sibul, kooritud ja kuubikuteks lõigatud
- 1 suur tomat, tükeldatud
- 2 sidruni mahl
- ½ tassi (8 g) hakitud värsket koriandrit
- 2–4 rohelist Tai, serrano või cayenne'i tšillit, tükeldatud
- 1 tl jämedat meresoola
- 1 tl musta soola (kala namak)
- 1 tl punase tšilli pulbrit või Cayenne'i
- 1 tl Chaat Masala
- ½ tassi (119 ml) Mint Chutney
- ½ tassi (119 ml) Tamarindi-datli chutney
- 1 tass (237 ml) sojajogurtit Raita

JUHISED:
a) Sega sügavas kausis kokku kikerhernepopperid, sibul, tomat, sidrunimahl, koriander, tšilli, meresool, must sool, punane tšillipulber ja Chaat Masala.
b) Jagage segu üksikute serveerimiskausside vahel.
c) Täitke iga kaussi supilusikatäis piparmündi- ja tamarindi-datlitšutneid ja sojajogurt Raitat. Serveeri kohe.

58.Tänavamaisi salat

KOOSTISOSAD:
- 4 maisi kõrva, kooritud ja puhastatud
- 1 keskmise sidruni mahl
- 1 tl jämedat meresoola
- 1 tl musta soola (kala namak)
- 1 tl Chaat Masala
- 1 tl punase tšilli pulbrit või Cayenne'i

JUHISED:
a) Rösti maisi, kuni see on kergelt söestunud.
b) Eemaldage maisilt tuumad.
c) Pane maisiterad kaussi ja sega hulka kõik ülejäänud koostisosad. Serveeri kohe.

59. Krõmpsuv porgandisalat

KOOSTISOSAD:
- ½ tassi (96 g) poolitatud ja kooritud rohelisi läätsi
- 5 tassi (550 g) kooritud ja riivitud porgandit
- 1 keskmine daikon, kooritud ja riivitud
- ¼ tassi (40 g) tooreid maapähkleid, kuivröstitud
- ¼ tassi (4 g) hakitud värsket koriandrit
- 1 keskmise sidruni mahl
- 2 tl jämedat meresoola
- ½ tl punase tšilli pulbrit või Cayenne'i
- 1 spl õli
- 1 kuhjaga teelusikatäis musta sinepiseemneid
- 6–7 karrilehte, jämedalt tükeldatud
- 1–2 rohelist Tai, serrano või cayenne'i tšillit, tükeldatud

JUHISED:
a) Leota läätsi keedetud vees 20–25 minutit, kuni need on al dente. Äravool.
b) Asetage porgandid ja daikon sügavasse kaussi.
c) Lisa kurnatud läätsed, maapähklid, koriander, sidrunimahl, sool ja punane tšillipulber.
d) Kuumutage madalal raskel pannil õli keskmisel-kõrgel kuumusel.
e) Lisa sinepiseemned. Kata pann kaanega (et need välja ei hüppaks ega kõrbeks) ja küpseta, kuni seemned särisevad, umbes 30 sekundit.
f) Lisa ettevaatlikult karrilehed ja rohelised tšillid.
g) Vala see segu salatile ja sega korralikult läbi. Serveeri kohe või hoia enne serveerimist külmkapis.

60.Granaatõuna chaat

KOOSTISOSAD:
- 2 suurt granaatõuna, seemned eemaldatud (3 tassi [522 g])
- ½–1 tl musta soola (kala namak)

JUHISED:
a) Sega seemned musta soolaga.
b) Naudi kohe või hoia kuni nädalaks külmkapis.

61.Masala puuviljasalat

KOOSTISOSAD:
- 1 keskmiselt küps kantaluup, kooritud ja kuubikuteks lõigatud (7 tassi [1,09 kg])
- 3 keskmist banaani, kooritud ja viilutatud
- 1 tass (100 g) seemneteta viinamarju
- 2 keskmist pirni, südamikust puhastatud ja kuubikuteks lõigatud
- 2 väikest õuna, südamikust puhastatud ja kuubikuteks lõigatud (1 tass [300 g])
- 1 sidruni või laimi mahl
- ½ tl jämedat meresoola
- ½ tl Chaat Masala
- ½ tl musta soola (kala namak)
- ½ tl punase tšilli pulbrit või Cayenne'i

JUHISED:
a) Suures kausis segage õrnalt kõik koostisosad.
b) Serveeri kohe traditsioonilisel tänavatoidul, väikestes kaussides koos hambaorkidega.

62.Soe Põhja-India salat

KOOSTISOSAD:
- 1 spl õli
- 1 tl köömneid
- ½ tl kurkumipulbrit
- 1 keskmine kollane või punane sibul, kooritud ja tükeldatud
- 1-osaline ingverijuur, kooritud ja viilutatud tikutopsideks
- 2 küüslauguküünt, kooritud ja riivitud
- 1–2 rohelist Tai, serrano või cayenne'i tšillit
- 2 tassi (396 g) keedetud terveid ube või läätsi
- 1 tl jämedat meresoola
- ½ tl punase tšilli pulbrit või Cayenne'i
- ½ tl musta soola (kala namak)
- ¼ tassi (4 g) hakitud värsket koriandrit

JUHISED:
a) Kuumuta sügaval ja raskel pannil õli keskmisel-kõrgel kuumusel.
b) Lisa köömned ja kurkum. Küpseta, kuni seemned särisevad, umbes 30 sekundit.
c) Lisa sibul, ingverijuur, küüslauk ja tšilli. Küpseta kuni pruunistumiseni, umbes 2 minutit.
d) Lisa oad või läätsed. Küpseta veel 2 minutit.
e) Lisa meresool, tšillipulber, must sool ja koriander. Sega korralikult läbi ja serveeri.

63.Külm India tänava salat

KOOSTISOSAD:
- 4 tassi keedetud terveid ube või läätsi
- 1 keskmine punane sibul, kooritud ja kuubikuteks lõigatud
- 1 keskmine tomat, tükeldatud
- 1 väike kurk, kooritud ja kuubikuteks lõigatud
- 1 keskmine daikon, kooritud ja riivitud
- 1–2 rohelist Tai, serrano või cayenne'i tšillit, tükeldatud
- ¼ tassi (4 g) hakitud värsket koriandrit, hakitud
- 1 suure sidruni mahl
- 1 tl jämedat meresoola
- ½ tl musta soola (kala namak)
- ½ tl Chaat Masala
- ½ tl punase tšilli pulbrit või Cayenne'i
- 1 tl värsket valget kurkumit, kooritud ja riivitud (valikuline)

JUHISED:
a) Segage sügavas kausis kõik koostisosad.
b) Serveeri kohe kõrvale salatina või salatilehe sisse keeratuna.

64.Apelsini salat

KOOSTISOSAD:
- 3 keskmist apelsini, kooritud, seemnetest puhastatud ja kuubikuteks lõigatud (3 tassi [450 g])
- 1 väike kollane või punane sibul, kooritud ja hakitud
- 10–12 musta Kalamata oliivi, kivideta ja jämedalt tükeldatud
- ¼ tassi (4 g) hakitud värsket koriandrit
- 2 keskmise laimi mahl
- ½ tl jämedat meresoola
- ½ tl musta soola (kala namak)
- ½ tl garam masala
- ½ tl jahvatatud musta pipart
- ¼ teelusikatäit punast tšillipulbrit või Cayenne'i

JUHISED:
a) Sega kõik koostisosad õrnalt kokku.
b) Enne serveerimist hoia vähemalt 30 minutit külmkapis.

SUPID

65. Põhja-India tomatisupp

KOOSTISOSAD:

- 2 tl õli
- 1 kuhjaga teelusikatäis köömneid
- ½ tl kurkumipulbrit
- 4 keskmist tomatit, kooritud ja jämedalt tükeldatud
- 1-osaline ingverijuur, kooritud ja riivitud või hakitud
- 3 küüslauguküünt, kooritud ja hakitud
- 1–2 rohelist Tai, serrano või cayenne'i tšillit, tükeldatud
- ¼ tassi (4 g) hakitud värsket koriandrit
- ½ tl punase tšilli pulbrit või Cayenne'i
- 4 tassi (948 ml) vett
- 1 tl jämedat meresoola
- ½ tl jahvatatud musta pipart
- ½ laimi mahl
- 2 supilusikatäit toitainepärmi
- Krutoonid, kaunistuseks

JUHISED:

a) Kuumuta suures supipotis õli keskmisel-kõrgel kuumusel.

b) Lisa köömned ja kurkum ning küpseta, kuni seemned särisevad, umbes 30 sekundit.

c) Lisage tomatid, ingverijuur, küüslauk, tšilli, koriander, punase tšilli pulber ja vesi. Kuumuta keemiseni.

d) Alanda kuumust keskmisele-madalale kuumusele ja hauta umbes 15 minutit. Kui tomatid on pehmed, töötle blenderiga ühtlaseks massiks.

e) Kui kasutate, lisage sool, must pipar, laimimahl ja toitev pärm. Sega korralikult läbi ja serveeri kuumalt, krutoonidega kaunistatud. Tehke sellest minisöök, lisades enne serveerimist igasse tassi supilusikatäis keedetud pruuni või valget basmati riisi.

66. Ingveri sojapiimasupp

KOOSTISOSAD:
- 2 tassi tavalist magustamata sojapiima
- ¼ tassi (59 ml) Adarak Masala
- ½ tl jämedat meresoola
- ½ tl punase tšilli pulbrit või Cayenne'i
- 1–3 rohelist Tai, serrano või cayenne'i tšillit, tükeldatud
- ½ tassi (119 ml) vett (valikuline)
- ¼ tassi (4 g) hakitud värsket koriandrit

JUHISED:
a) Kuumuta potis keskmisel-kõrgel kuumusel sojapiim kergelt keema.
b) Lisage Adarak Masala, sool, punane tšillipulber, roheline tšilli ja vesi (kui kasutate).
c) Kuumuta keemiseni, lisa koriander ja serveeri koos paksu roti või naaniga.

67. Seitan Mulligatawny supp

KOOSTISOSAD:
- 1 tass (192 g) kuivatatud punaseid lõhestatud (pruune) läätsi (masoor dal), puhastatud ja pestud
- 8 tassi (1,90 L) vett
- 1 keskmine sibul, kooritud ja jämedalt tükeldatud
- 2 keskmist tomatit, kooritud ja jämedalt tükeldatud (1 kuhjaga tass [160 g])
- 1 väike kartul, kooritud ja kuubikuteks lõigatud
- 1 supilusikatäis terveid musta pipra tera
- 1 tl kurkumipulbrit
- 1 (8 untsi [227 g]) pakk tavalist seitani, nõrutatud ja väikesteks tükkideks lõigatud (2 tassi)
- 2 tl jämedat meresoola
- 1 tl jahvatatud musta pipart
- 1 supilusikatäis grammi (kikerherne) jahu (besan)
- 3 spl õli
- 3 supilusikatäit ingveri-küüslaugupastat
- 2 tl jahvatatud köömneid
- 2 tl jahvatatud koriandrit
- 1 tl punase tšilli pulbrit või Cayenne'i
- 1 sidruni mahl

JUHISED:

a) Pane läätsed, vesi, sibul, tomatid, kartul, pipraterad ja kurkum suurde raskesse supipotti. Kuumuta keskmisel-kõrgel kuumusel keemiseni ja seejärel alanda kuumust keemiseni.
b) Keeda osaliselt kaane all 20 minutit.
c) Samal ajal sega omavahel seitan, sool ja jahvatatud must pipar.
d) Kui supp on keetmise lõpetanud, blenderda see ühtlaseks kas sukelmikseri, tavalise blenderiga või võimsama blenderiga. Vajadusel segage partiidena.
e) Puista seitan kergelt grammijahuga.
f) Kuumuta väikesel pannil õli keskmisel-kõrgel kuumusel.
g) Lisa ingveri-küüslaugupasta ja prae 1 kuni 2 minutit. (Hoidke käepärast kaas, õli võib pritsida. Jätkake segamist ja vajadusel alandage kuumust.)
h) Lisage köömned, koriander ja punane tšillipulber ning segage 1 minut.
i) Lisa seitani segu ja küpseta veel 3 minutit, kuni see on kergelt pruunistunud.
j) Lisa see segu supile ja kuumuta keemiseni.
k) Lisa sidrunimahl.
l) Serveeri kuumalt, kaussides. Konsistentsi lisamiseks võite enne supi lisamist igasse kaussi lisada ka supilusikatäie keedetud riisi.

68.Maitsestatud roheline supp

KOOSTISOSAD:
- 2 spl õli
- 1 tl köömneid
- 2 kassia lehte
- 1 keskmine kollane sibul, kooritud ja jämedalt tükeldatud
- 1-osaline ingverijuur, kooritud ja riivitud või hakitud
- 10 küüslauguküünt, kooritud ja jämedalt hakitud
- 1 väike kartul, kooritud ja jämedalt tükeldatud
- 1–2 rohelist Tai, serrano või cayenne'i tšillit, tükeldatud
- 2 tassi (290 g) herneid, värskeid või külmutatud
- 2 tassi (60 g) pakendatud hakitud rohelisi
- 6 tassi vett
- ½ tassi (8 g) hakitud värsket koriandrit
- 2 tl jämedat meresoola
- ½ tl jahvatatud koriandrit
- ½ tl röstitud jahvatatud köömneid
- ½ sidruni mahl
- Krutoonid, kaunistuseks

JUHISED:
a) Kuumuta sügavas raskes supipotis õli keskmisel-kõrgel kuumusel.
b) Lisa köömned ja kassialehed ning kuumuta umbes 30 sekundit, kuni seemned särisema.
c) Lisa sibul, ingverijuur ja küüslauk. Keeda veel 2 minutit, aeg-ajalt segades.
d) Lisa kartul ja küpseta veel 2 minutit.
e) Lisa tšillid, herned ja rohelised. Küpseta 1–2 minutit, kuni rohelised on närbunud.
f) Lisa vesi. Kuumuta keemiseni, alanda kuumust ja hauta kaaneta 5 minutit.
g) Lisage koriander.
h) Eemaldage kassia- või loorberilehed ja segage blenderiga.
i) Tõsta supp tagasi potti. Lisa sool, koriander ja jahvatatud köömned. Pane supp uuesti keema. Lisa sidrunimahl.

69.Lõuna-India tomati- ja tamarindisupp

KOOSTISOSAD:
- ½ tassi (96 g) kuivatatud lõhestatud ja kooritud tuviherneid (toor dal), puhastatud ja pestud
- 4 keskmist tomatit, kooritud ja jämedalt tükeldatud (4 tassi [640 g])
- 1-osaline ingverijuur, kooritud ja riivitud või hakitud
- 2 tl jämedat meresoola
- 1 tl kurkumipulbrit
- 1 tass (237 ml) tamarindi mahla
- 2 supilusikatäit Rasami pulbrit
- 7 tassi (1,66 L) vett
- 1 spl õli
- 1 tl musta sinepiseemneid
- 1 tl köömneid
- 15–20 karrilehte, jämedalt tükeldatud
- 1 kuhjaga supilusikatäis hakitud värsket koriandrit kaunistuseks
- Sidruniviilud, kaunistuseks

JUHISED:

a) Pange tuviherned, tomatid, ingverijuur, sool, kurkum, Tamarindi mahl, Rasami pulber ja vesi aeglasesse pliidiplaadisse. Küpseta kõrgel kuumusel 3½ tundi.

b) Segage sukelmikseris, traditsioonilises blenderis või võimsas blenderis.

c) Vahepeal tee pliidiplaadil karastus (tarka). Kuumuta pannil õli keskmisel-kõrgel kuumusel. Lisa sinep ja köömned ning küpseta, kuni segu säriseb, umbes 30 sekundit. Lisa karrilehed ja küpseta, kuni lehed muutuvad kergelt pruuniks ja hakkavad kõverduma. Olge ettevaatlik, et aeg-ajalt segada, et vürtsid ei kõrbeks. 1–2 minuti pärast pange kuum segu aeglasesse pliidiplaadisse.

d) Keeda suppi veel 30 minutit ja serveeri kohe, kaunistatuna koriandri ja sidruniviiluga.

70.Vürtsidega läätsesupp (Masoor Dali supp)

KOOSTISOSAD:
- 1 tass punaseid läätsi (masoor dal), pestud ja leotatud
- 1 sibul, peeneks hakitud
- 1 tomat, tükeldatud
- 1 porgand, tükeldatud
- 1 sellerivars, tükeldatud
- 2 küüslauguküünt, hakitud
- 1-tolline ingver, riivitud
- 1 tl köömneid
- 1 tl kurkumipulbrit
- 1 tl koriandri pulbrit
- 1/2 tl punase tšilli pulbrit
- Soola maitse järgi
- 4 tassi köögivilja- või kanapuljongit
- Kaunistuseks värsked koriandrilehed

JUHISED:
a) Kuumuta potis õli ja lisa köömned. Kui need pritsivad, lisage hakitud sibul, küüslauk ja ingver.
b) Prae, kuni sibul on läbipaistev, seejärel lisa tükeldatud tomatid, kurkumipulber, koriandripulber ja punase tšilli pulber.
c) Lisa leotatud läätsed, kuubikuteks lõigatud porgandid, seller ja sool. Sega hästi.
d) Vala peale puljong ja aja supp keema. Hauta, kuni läätsed ja köögiviljad on pehmed.
e) Enne serveerimist kaunista värskete koriandrilehtedega.

71.Tomati ja köömne supp

KOOSTISOSAD:
- 4 suurt tomatit, tükeldatud
- 1 sibul, hakitud
- 2 küüslauguküünt, hakitud
- 1 tl köömneid
- 1/2 tl punase tšilli pulbrit
- 1/2 tl suhkrut
- Soola maitse järgi
- 4 tassi köögiviljapuljongit
- Kaunistuseks värsked koriandrilehed

JUHISED:
a) Kuumuta potis õli ja lisa köömned. Kui need pudenevad, lisage hakitud sibul ja küüslauk.
b) Prae kuni sibul on kuldpruun, seejärel lisa tükeldatud tomatid, punane tšillipulber, suhkur ja sool.
c) Küpseta, kuni tomatid on pehmed ja pehmed.
d) Vala sisse köögiviljapuljong ja lase supp keema tõusta.
e) Enne serveerimist kaunista värskete koriandrilehtedega.

72.Vürtskõrvitsasupp

KOOSTISOSAD:
- 2 tassi kõrvitsat, tükeldatud
- 1 sibul, hakitud
- 2 küüslauguküünt, hakitud
- 1-tolline ingver, riivitud
- 1 tl köömneid
- 1/2 tl koriandri pulbrit
- 1/2 tl kaneelipulbrit
- Näputäis muskaatpähklit
- Sool ja pipar maitse järgi
- 4 tassi köögiviljapuljongit
- 1/2 tassi kookospiima
- Kaunistuseks värske koriander

JUHISED:
a) Kuumuta potis õli ja lisa köömned. Kui need pritsivad, lisage hakitud sibul, küüslauk ja ingver.
b) Prae, kuni sibul on läbipaistev, seejärel lisa kuubikuteks lõigatud kõrvits, koriandripulber, kaneelipulber, muskaatpähkel, sool ja pipar.
c) Keeda paar minutit, seejärel vala juurde köögiviljapuljong ja hauta, kuni kõrvits on pehme.
d) Blenderda supp ühtlaseks, tõsta potti ja sega juurde kookospiim.
e) Enne serveerimist kaunista värske koriandriga.

73. Vürtsikas tomati Rasam

KOOSTISOSAD:
- 2 suurt tomatit, tükeldatud
- 1/2 tassi tamarindi ekstrakti
- 1 tl sinepiseemneid
- 1 tl köömneid
- 1/2 tl musta pipart
- 1/2 tl kurkumipulbrit
- 1/2 tl rasami pulbrit
- Näputäis asafoetida (hing)
- karri lehed
- Kaunistuseks koriandrilehed
- Soola maitse järgi

JUHISED:
a) Kuumuta potis õli ja lisa sinepiseemned. Kui need pritsivad, lisage köömneid, musta pipart ja karrilehti.
b) Lisa tükeldatud tomatid, kurkumipulber, rasamipulber, asafoetida ja sool. Küpseta, kuni tomatid on pehmed.
c) Vala tamarindi ekstrakt ja aja rasam keema. Hauta paar minutit.
d) Enne serveerimist kaunista koriandrilehtedega.

74. Koriandri ja piparmündi supp

KOOSTISOSAD:
- 1 tass värskeid koriandri lehti
- 1/2 tassi värskeid piparmündi lehti
- 1 sibul, hakitud
- 2 küüslauguküünt, hakitud
- 1 tl köömneid
- 1/2 tl koriandri pulbrit
- 1/2 tl musta pipart
- 4 tassi köögiviljapuljongit
- Soola maitse järgi
- Serveerimiseks sidruniviilud

JUHISED:
a) Kuumuta potis õli ja lisa köömned. Kui need pudenevad, lisage hakitud sibul ja küüslauk.
b) Prae, kuni sibul on läbipaistev, seejärel lisa värsked koriandrilehed, piparmündilehed, koriandripulber, must pipar ja sool.
c) Keeda paar minutit, seejärel vala juurde köögiviljapuljong ja hauta, kuni ürdid on pehmed.
d) Blenderda supp ühtlaseks, tõsta potti ja vajadusel maitsesta.
e) Serveeri sidrunipigistusega.

KARRIID

75. Kõrvitsa karri vürtsikate seemnetega

KOOSTISOSAD:
- 3 tassi kõrvitsat – hakitud 1-2 cm tükkideks
- 2 supilusikatäit õli
- ½ supilusikatäit sinepiseemneid
- ½ supilusikatäit köömneid
- Näpista asafetida
- 5-6 karrilehte
- ¼ supilusikatäit lambaläätse seemneid
- 1/4 supilusikatäit apteegitilli seemneid
- 1/2 supilusikatäit riivitud ingverit
- 1 supilusikatäis tamarindipastat
- 2 supilusikatäit - kuiv, jahvatatud kookospähkel
- 2 supilusikatäit röstitud jahvatatud maapähklit
- Sool ja fariinsuhkur või jaggery maitse järgi
- Värsked koriandri lehed

JUHISED:
a) Kuumuta õli ja lisa sinepiseemned. Kui need plahvatavad, lisage köömned, lambalääts, asafetida, ingver, karrilehed ja apteegitill. Küpseta 30 sekundit.

b) Lisa kõrvits ja sool. Lisage tamarindipasta või vesi, mille sees on viljaliha. Lisa jaggery või fariinsuhkur. Lisa jahvatatud kookos- ja maapähklipulber. Küpseta veel paar minutit. Lisa värske hakitud koriander.

76.Tamarindi kalakarri

KOOSTISOSAD:
- 11/2 naela, siig, tükkideks lõigatud
- 3/4 tl ja 1/2 tl kurkumipulbrit
- 2 tl tamarindi viljaliha, leotatud 1/4 tassi kuumas vees 10 minutit
- 3 supilusikatäit taimeõli
- 1/2 tl musta sinepiseemneid
- 1/4 tl lambaläätse seemneid
- 8 värsket karrilehte
- suur sibul, hakitud
- Serrano roheline tšilli, seemnetest ja hakitud
- väikesed tomatid, tükeldatud
- 2 kuivatatud punast tšillit, jämedalt purustatud
- 1 tl koriandriseemneid, jämedalt jahvatatud
- 1/2 tassi magustamata kuivatatud kookospähklit
- Lauasool, maitse järgi
- 1 tass vett

JUHISED:
a) Asetage kala kaussi. Hõõruge hästi 3/4 tl kurkumiga ja jätke umbes 10 minutiks kõrvale. Loputage ja kuivatage.
b) Kurna tamarind ja pane vedelik kõrvale. Visake jääk ära.
c) Kuumuta suurel pannil taimeõli. Lisa sinepiseemned ja lambaläätseseemned. Kui need hakkavad pritsima, lisage karrilehed, sibul ja roheline tšilli. Prae 7–8 minutit või kuni sibul on hästi pruunistunud.
d) Lisa tomatid ja küpseta veel 8 minutit või kuni õli hakkab segu külgedelt eralduma. Lisa ülejäänud 1/2 teelusikatäit kurkumit, punaseid tšilli, koriandri seemneid, kookospähklit ja soola; sega hästi ja küpseta veel 30 sekundit.
e) Lisa vesi ja kurnatud tamarind; lase keema tõusta. Alanda kuumust ja lisa kala. Küpseta madalal kuumusel 10–15 minutit või kuni kala on täielikult küpsenud. Serveeri kuumalt.

77. Lõhe safranimaitselises karris

KOOSTISOSAD:
- 4 spl taimeõli
- 1 suur sibul, peeneks hakitud
- teelusikatäis ingveri-küüslaugupastat
- 1/2 tl punase tšilli pulbrit
- 1/4 tl kurkumipulbrit
- teelusikatäit koriandripulbrit
- Lauasool, maitse järgi
- 1-kilone lõhe, kondita ja
- kuubikud
- 1/2 tassi tavalist jogurtit, vahustatud
- 1 tl röstitud safranit

JUHISED:

a) Kuumutage suurel mittenakkuval pannil taimeõli. Lisage sibulad ja praege 3–4 minutit või kuni see on läbipaistev. Lisa ingveri-küüslaugupasta ja prae 1 minut.

b) Lisage punase tšilli pulber, kurkum, koriander ja sool; sega hästi. Lisa lõhe ja prae 3–4 minutit. Lisa jogurt ja alanda kuumust. Hauta, kuni lõhe on läbi küpsenud. Lisage safran ja segage hästi. Küpseta 1 minut. Serveeri kuumalt.

78.Okra karri

KOOSTISOSAD:
- 250g okra (naiste sõrm) – lõika ühe cm tükkideks
- 2 supilusikatäit riivitud ingverit
- 1 supilusikatäis sinepiseemneid
- 1/2 supilusikatäit köömneid
- 2 supilusikatäit õli
- Soola maitse järgi
- Näpista asafetida
- 2-3 supilusikatäit röstitud maapähklipulbrit
- Koriandri lehed

JUHISED:
a) Kuumuta õli ja lisa sinepiseemned. Kui need paisuvad, lisage köömned, asafetida ja ingver. Küpseta 30 sekundit.

b) Lisage okra ja sool ning segage, kuni see on keedetud. Lisa maapähklipulber, küpseta veel 30 sekundit.

c) Serveeri koriandri lehtedega.

79.Taimne kookoskarri

KOOSTISOSAD:
- 2 keskmise suurusega kartulit, kuubikuteks lõigatud
- 1 1/2 tassi lillkapsast – lõika õisikuteks
- 3 suurteks tükkideks hakitud tomatit
- 1 supilusikatäis õli
- 1 supilusikatäis sinepiseemneid
- 1 supilusikatäis köömneid
- 5-6 karrilehte
- Näpista kurkumit – valikuline
- 1 supilusikatäis riivitud ingverit
- Värsked koriandri lehed
- Soola maitse järgi
- Värske või kuivatatud kookospähkel – purustatud

JUHISED:
a) Kuumuta õli ja lisa sinepiseemned. Kui need paiskuvad, lisage ülejäänud vürtsid ja küpseta 30 sekundit.

b) Lisa lillkapsas, tomat ja kartul ning veidi vett, kata kaanega ja hauta aeg-ajalt segades, kuni see on keedetud. Järele peaks jääma natuke vedelikku. Kui soovid kuiva karrit, siis prae paar minutit, kuni vesi on aurustunud.

c) Lisa kookospähkel, sool ja koriandrilehed.

80.Põhiline köögiviljakarri

KOOSTISOSAD:
- 250 g köögivilju - hakitud
- 1 tl õli
- ½ tl sinepiseemneid
- ½ tl köömneid
- Näpista asafetida
- 4-5 karrilehte
- ¼ teelusikatäit kurkumit
- ½ tl koriandri pulbrit
- Näputäis tšillipulbrit
- Riivitud ingver
- Värsked koriandri lehed
- Suhkur/jagger ja sool maitse järgi
- Värske või kuivatatud kookospähkel

JUHISED:
a) Lõika köögivili olenevalt köögiviljast väikesteks tükkideks (1-2 cm).

b) Kuumuta õli ja lisa sinepiseemned. Kui need paisuvad, lisage köömned, ingver ja ülejäänud vürtsid.

c) Lisa köögiviljad ja küpseta. Sel hetkel võiksite praadida köögivilju, kuni need on keedetud, või lisada veidi vett, katta pott kaanega ja hautada.

d) Kui köögiviljad on küpsed, lisa suhkur, sool, kookospähkel ja koriander.

81.Kapsa karri

KOOSTISOSAD:
- 3 tassi kapsast hakitud
- 1 tl õli
- 1 tl sinepiseemneid
- 1 tl köömneid
- 4-5 karrilehte
- Näputäis kurkumit r valikuline
- 1 tl riivitud ingverit
- Värsked koriandri lehed
- Sool maitse järgi
- Valikuline - ½ tassi rohelisi herneid

JUHISED:

a) Kuumuta õli ja lisa sinepiseemned. Kui need paiskuvad, lisage ülejäänud vürtsid ja küpseta 30 sekundit.

b) Kui kasutate, lisage kapsas ja muud köögiviljad, aeg-ajalt segades, kuni need on täielikult keedetud. Vajadusel võib vett lisada.

c) Lisa maitse järgi soola ja koriandrilehti.

82.Lillkapsa karri

KOOSTISOSAD:
- 3 tassi lillkapsast – lõika õisikuteks
- 2 tomatit - tükeldatud
- 1 tl õli
- 1 tl sinepiseemneid
- 1 tl köömneid
- Näpista kurkumit
- 1 tl riivitud ingverit
- Värsked koriandri lehed
- Soola maitse järgi
- Värske või kuivatatud kookospähkel – hakitud

JUHISED:
a) Kuumuta õli ja lisa sinepiseemned. Kui need paiskuvad, lisage ülejäänud vürtsid ja küpseta 30 sekundit. Kui kasutate, lisage sellel hetkel tomatid ja küpseta 5 minutit.

b) Lisa lillkapsas ja veidi vett, kata kaanega ja hauta aeg-ajalt segades, kuni see on täielikult küpsenud. Kui soovida kuivemat karrit, siis viimastel minutitel võta kaas pealt ja prae. Lisa kookospähkel viimastel minutitel.

83.Lillkapsa ja kartuli karri

KOOSTISOSAD:
- 2 tassi lillkapsast – lõika õisikuteks
- 2 keskmise suurusega kartulit, kuubikuteks lõigatud
- 1 tl õli
- 1 tl sinepiseemneid
- 1 tl köömneid
- 5-6 karrilehte
- Näpista kurkumit – valikuline
- 1 tl riivitud ingverit
- Värsked koriandri lehed
- Soola maitse järgi
- Värske või kuivatatud kookospähkel – purustatud
- Sidrunimahl - maitse järgi

JUHISED:
a) Kuumuta õli ja lisa sinepiseemned. Kui need paiskuvad, lisage ülejäänud vürtsid ja küpseta 30 sekundit.
b) Lisa lillkapsas ja kartul ning veidi vett, kata kaanega ja hauta aeg-ajalt segades peaaegu küpseks.
c) Võta kaas pealt ja prae, kuni köögiviljad on küpsed ja vesi aurustunud.
d) Lisa kookospähkel, sool, koriandrilehed ja sidrunimahl.

84. Köögivilja- ja läätsekarri segu

KOOSTISOSAD:
- ¼ tassi toor või mung dal
- ½ tassi köögivilju - viilutatud
- 1 tass vett
- 2 tl õli
- ½ tl köömneid
- ½ tl riivitud ingverit
- 5-6 karrilehte
- 2 tomatit - tükeldatud
- Sidrun või tamarind maitse järgi
- Jaggery maitse järgi
- ½ soola või maitse järgi
- Sambhar masala
- Koriandri lehed
- Värske või kuivatatud kookospähkel

JUHISED:
a) Keeda toor dali ja köögivilju kiirkeetjas 15–20 minutit (1 vile) või potis.
b) Kuumuta eraldi pannil õli ja lisa köömned, ingver ja karrilehed. Lisa tomatid ja küpseta 3-4 minutit.
c) Lisa sambhar masala segu ja köögiviljade segu.
d) Keeda koos minut ja seejärel lisa tamarind või sidrun, jagger ja sool. Keeda veel 2-3 minutit. Kaunista kookose ja koriandriga

85. Kartuli-, lillkapsa- ja tomatikarri

KOOSTISOSAD:
- 2 keskmise suurusega kartulit, kuubikuteks lõigatud
- 1 1/2 tassi lillkapsast, lõigatud õisikuteks
- 3 suurteks tükkideks hakitud tomatit
- 1 tl õli
- 1 tl sinepiseemneid
- 1 tl köömneid
- 5-6 karrilehte
- Näpista kurkumit – valikuline
- 1 tl riivitud ingverit
- Värsked koriandri lehed
- Värske või kuivatatud kookospähkel – purustatud

JUHISED:
a) Kuumuta õli ja lisa sinepiseemned. Kui need paiskuvad, lisage ülejäänud vürtsid ja küpseta 30 sekundit.

b) Lisa lillkapsas, tomat ja kartul ning veidi vett, kata kaanega ja hauta aeg-ajalt segades kuni valmimiseni. Lisa kookospähkel, sool ja koriandrilehed.

86.Kõrvitsa karri

KOOSTISOSAD:
- 3 tassi kõrvitsat – hakitud 1-2 cm tükkideks
- 2 tl õli
- ½ tl sinepiseemneid
- ½ tl köömneid
- Näpista asafetida
- 5-6 karrilehte
- ¼ tl lambaläätse seemneid
- 1/4 tl apteegitilli seemneid
- 1/2 tl riivitud ingverit
- 1 tl tamarindipastat
- 2 supilusikatäit - kuiv, jahvatatud kookospähkel
- 2 supilusikatäit röstitud jahvatatud maapähklit
- Sool ja fariinsuhkur või jaggery maitse järgi
- Värsked koriandri lehed

JUHISED:
a) Kuumuta õli ja lisa sinepiseemned. Kui need plahvatavad, lisage köömned, lambalääts, asafetida, ingver, karrilehed ja apteegitill. Küpseta 30 sekundit.
b) Lisa kõrvits ja sool.
c) Lisage tamarindipasta või vesi, mille sees on viljaliha. Lisa jaggery või fariinsuhkur.
d) Lisa jahvatatud kookos- ja maapähklipulber. Küpseta veel paar minutit.
e) Lisa värske hakitud koriander.

87.Prae köögiviljad segades

KOOSTISOSAD:
- 3 tassi hakitud köögivilju
- 2 tl riivitud ingverit
- 1 tl õli
- ¼ tl asafetida
- 1 supilusikatäis sojakastet
- Värsked ürdid

JUHISED:
a) Kuumuta pannil õli. Lisa asafetida ja ingver. Prae 30 sekundit.
b) Lisage kõige kauem küpsevad köögiviljad, näiteks kartul ja porgand. Prae minut ja seejärel lisa veidi vett, kata kaanega ja hauta poolküpseks.
c) Lisa ülejäänud köögiviljad, nagu tomat, suhkrumais ja roheline pipar. Lisa sojakaste, suhkur ja sool. Kata kaanega ja hauta peaaegu küpseks.
d) Eemalda kaas ja prae veel paar minutit.
e) Lisage värsked ürdid ja jätke mõni minut, kuni ürdid segunevad köögiviljadega.

88.Tomati karri

KOOSTISOSAD:
- 250 g tomateid - hakitud ühe tolli tükkideks
- 1 tl õli
- ½ tl sinepiseemneid
- ½ tl köömneid
- 4-5 karrilehte
- Näpista kurkumit
- Näpista asafetida
- 1 tl riivitud ingverit
- 1 kartul – keedetud ja püreestatud – soovi korral – paksendamiseks
- 1 kuni 2 supilusikatäit röstitud maapähklipulbrit
- 1 supilusikatäis kuiva kookospähklit – valikuline
- Suhkur ja sool maitse järgi
- Koriandri lehed

JUHISED:
a) Kuumuta õli ja lisa sinepiseemned. Kui need plahvatavad, lisage köömned, karrilehed, kurkum, asafetida ja ingver. Küpseta 30 sekundit.

b) Lisage tomat ja jätkake aeg-ajalt segamist, kuni see on keedetud. Vedelama karri saamiseks võib lisada vett.

c) Lisage röstitud maapähklipulber, suhkur, sool ja kookospähkel, kui kasutate, ning kartulipüree. Küpseta veel minut. Serveeri värskete koriandrilehtedega.

89.Valge kõrvitsa karri

KOOSTISOSAD:
- 250 g valget kõrvitsat
- 1 tl õli
- ½ tl sinepiseemneid
- ½ tl köömneid
- 4-5 karrilehte
- Näpista kurkumit
- Näpista asafetida
- 1 tl riivitud ingverit
- 1 kuni 2 supilusikatäit röstitud maapähklipulbrit
- Pruun suhkur ja sool maitse järgi

JUHISED:
a) Kuumuta õli ja lisa sinepiseemned. Kui need plahvatavad, lisage köömned, karrilehed, kurkum, asafetida ja ingver. Küpseta 30 sekundit.

b) Lisa valge kõrvits, veidi vett, kata kaanega ja hauta aeg-ajalt segades, kuni see on keedetud.

c) Lisa röstitud maapähklipulber, suhkur ja sool ning küpseta veel minut.

MAGUSTOIT

90.Chai Latte koogikesi

KOOSTISOSAD:
CHAI Vürtsisegu jaoks:
- 2 ja ½ tl jahvatatud kaneeli
- 1 ja ¼ tl jahvatatud ingverit
- 1 ja ¼ tl jahvatatud kardemoni
- ½ tl jahvatatud pipart

KOKKIDE JAOKS:
- 1 kott chai teed
- ½ tassi (120 ml) täispiima toatemperatuuril
- 1 ja ¾ tassi (207 g) koogijahu (lusikaga ja tasandatud)
- 3 ja ½ tl chai vürtsisegu (ülal)
- ¾ tl küpsetuspulbrit
- ¼ teelusikatäit söögisoodat
- ¼ teelusikatäit soola
- ½ tassi soolamata võid, pehmendatud
- 1 tass granuleeritud suhkrut
- 3 suurt munavalget, toatemperatuuril
- 2 tl puhast vaniljeekstrakti
- ½ tassi hapukoort või tavalist jogurtit toatemperatuuril

CHAI SPICE VÕIKREEMI JAOKS:
- 1 ja ½ tassi soolamata võid, pehmendatud
- 5,5–6 tassi kondiitri suhkrut
- 2 tl chai vürtsisegu, jagatud
- ¼ tassi rasket koort
- 2 tl puhast vaniljeekstrakti
- Näputäis soola

VALIKULINE GARNISEERIMISEKS:
- Kaneelipulgad

JUHISED:
VALMISTAGE CHAI Vürtsisegu:
a) Vürtside segu saamiseks ühendage kõik chai vürtsid. Koogitaigna, võikreemi ja kaunistuse jaoks vajate kokku 5 ja ½ teelusikatäit.
b) Kuumuta piim kuumaks (kuid mitte keemiseni), seejärel vala see chai teekoti peale. Laske sellel 20-30 minutit tõmmata. Veenduge, et chai piim oleks toatemperatuuril enne selle kasutamist koogikestaignas. Selle saab eelmisel päeval valmis teha ja külmkapis hoida.

c) Kuumuta ahi temperatuurini 350 °F (177 °C) ja vooderda muffinipann koogivooderdistega. Valmistage teine pann 2–3 voodriga vastavalt sellele retseptile

VALMISTA KOogID:

d) Vahusta eraldi kausis koogijahu, 3 ja ½ tl chai vürtsisegu, küpsetuspulber, sooda ja sool. Pange see kuiv segu kõrvale.
e) Vahusta või ja granuleeritud suhkur käsi- või seismikseriga ühtlaseks ja kreemjaks vahuks (umbes 2 minutit). Vajadusel kraapige kausi küljed alla. Lisa munavalged ja jätka vahustamist kuni segunemiseni (veel 2 minutit). Sega hulka hapukoor ja vaniljeekstrakt.
f) Väikesel kiirusel lisage märjale segule järk-järgult kuivained. Segage, kuni see on lihtsalt lisatud. Seejärel valage mikser endiselt madalal temperatuuril aeglaselt sisse chai piim, segades, kuni see seguneb. Vältige ülesegamist; tainas peaks olema veidi paks ja aromaatne.
g) Jagage tainas koogivooditesse, täites igaüks umbes ⅔ ulatuses.
h) Küpseta 20–22 minutit või kuni keskele torgatud hambaork tuleb puhtana välja.
i) Minikookide jaoks küpseta umbes 11-13 minutit samal ahjutemperatuuril. Laske koogikestel enne külmutamist täielikult jahtuda.
j) Valmistage Chai Spice'i võikreem: vahustage pehmendatud võid keskmisel kiirusel kreemjaks (umbes 2 minutit) käsi- või alusmikseriga, mis on varustatud labakinnitusega. Lisage 5½ tassi (660 g) kondiitri suhkrut, koort, 1¾ teelusikatäit chai vürtsisegu, vaniljeekstrakti ja näpuotsaga soola.
k) Käivitage 30 sekundit madalal kiirusel, seejärel suurendage kiirust suurele ja lööge 2 minutit. Kui glasuur tundub kalgendatud või rasvane, lisage ühtlase konsistentsi saavutamiseks rohkem kondiitri suhkrut.
l) Vajadusel võite lisada veel kuni ½ tassi kondiitri suhkrut. Kui glasuur on liiga paks, lisa supilusikatäis koort. Maitse ja lisa soola, kui pakas on liiga magus.
m) Külmutage jahtunud koogikesed ja kaunistage vastavalt soovile. Kasutage Wilton 8B toruotsakut, lisades kaunistuseks kaneelipulgad ja puistake järelejäänud chai vürtsisegu ja näputäie granuleeritud suhkru seguga.
n) Hoidke jääke külmkapis kuni 5 päeva.

Nautige omatehtud chai latte koogikesi!

91. Masala Panna Cotta

KOOSTISOSAD:
- ¼ tassi piima
- 1 spl teelehti
- 1 kaneelipulk
- 2 nelki Kardemon
- ½ tl muskaatpähkel
- 2 tassi Värsket koort
- ⅓ tassi suhkrut
- Näputäis musta pipart
- 1 tl vaniljeekstrakti
- 1 tl želatiini
- 3 spl külma vett

JUHISED:
a) Alustuseks määrige nelja kuueuntsise ramekiini sisemusse veidi õli. Pühkige need üleliigse õli eemaldamiseks.
b) Sega kastrulis piim, teelehed, kaneel, kardemon ja muskaatpähkel. Lase keema tõusta, seejärel alanda kuumust ja lase 2–3 minutit podiseda.
c) Lisa kastrulisse koor, suhkur ja näputäis musta pipart. Vahusta tasasel tulel, kuni suhkur on täielikult lahustunud. Sega hulka vanilliekstrakt.
d) Segu podisemise ajal õitsege želatiin, lisades selle külma vette. Kui see on täielikult õitsenud, lisage see panna cotta segusse, tagades, et see on hästi segunenud.
e) Kurna segu sõela ja marli abil, et eemaldada järelejäänud setted. Jaga see ühtlane segu ettevalmistatud ramekiinidesse ja lase neil jahtuda toatemperatuurini. Seejärel hoidke neid külmkapis vähemalt 3 tundi, kuid neid võib külmkapis hoida kuni ööpäeva.
f) Panna cotta vormist lahti saamiseks tõmmake noaga õrnalt mööda iga ramekiini servi. Seejärel kasta ramekiinid korraks umbes 3-4 sekundiks sooja vette. Laske neil veel 5 sekundit seista ja seejärel pöörake need taldrikule. Puudutage õrnalt, et panna cotta vabaneks.
g) Nautige oma suurepärast Masala Chai Panna Cottat!

92.Masala riisipuding

KOOSTISOSAD:
RIISI KOHTA:
- 1 ½ tassi vett
- 1 (3-tolline) kaneelipulk
- 1 terve tähtaniis
- 1 tass jasmiini riisi

PUDIGI JAOKS:
- 1 ¼ teelusikatäit jahvatatud kaneeli, lisaks veel kaunistuseks
- 1 tl jahvatatud ingverit
- ¾ tl jahvatatud kardemoni
- ½ tl koššersoola
- Näputäis jahvatatud musta pipart
- 1 tl vaniljeekstrakti
- 3 (13 ½-untsi) purki magustamata kookospiima, jagatud
- 1 tass pakitud pruuni suhkrut
- Röstitud kookoshelbed, soovi korral garneering

JUHISED:
a) Sega 4-liitrises potis vesi, kaneelipulk ja tähtaniis ning lase vesi keskmisel-kõrgel kuumusel keema. Lisa riis ja alanda kuumus madalaks. Kata pott kaanega ja auruta, kuni see pole enam krõmpsuv, umbes 15 minutit.

b) Segage väikeses kausis vürtsid. Lisage vürtsidele vaniljeekstrakt ja ¼ tassi kookospiima ning vahustage ühtlaseks pastaks. See hoiab ära vürtside kokkukleepumise, kui lisate need aurutatud riisile.

c) Kui riis on keetmise lõpetanud, lisa potti 4 tassi kookospiima ja vürtsipasta. Kraapige poti põhja, et lahti saada võimalik riis, mis võib kinni jääda.

d) Lase segul tasasel tulel kaaneta tasasel tulel keeda ja keeda segamata 15 minutit. Riisipudingi pinnale peaksid tekkima väikesed mullid; kui suured, kiiresti liikuvad mullid purustavad piima pinna, alandage temperatuuri. Ärge segage seda, sest te ei taha, et riis laguneks. Pinnale tekib nahk, kuid see on hea!

e) 15 minuti pärast lisage pruun suhkur ja segage puding (segage ka tekkinud nahka). Poti põhja kraapides kostab see nagu kahisev paber. Hauta veel 20 minutit, sageli segades või kuni puding on paksenenud majoneesi konsistentsini.

f) Eemaldage pudingist kaneelipulk ja tähtaniis ning visake ära. Tõsta puding madalasse vormi (nagu pirukataldrik või pajaroog) ja pane kaaneta külmkappi, kuni see on külm, vähemalt 3 tundi või kuni üleöö.
g) Vahetult enne serveerimist sega juurde ülejäänud kookospiim. Tõsta puding lusikaga üksikutele serveerimisnõudele ja kaunista puista jahvatatud kaneeli ja röstitud kookoshelvestega.
h) Säilitage ülejääke suletud anumas külmkapis kuni 3 päeva.

93.Chai jäätis

KOOSTISOSAD:
- 2 tähtaniisi tähte
- 10 tervet nelki
- 10 tervet vürtspipart
- 2 kaneelipulka
- 10 tervet valget pipart
- 4 kardemonikauna, avatud seemneteni
- ¼ tassi täidlast musta teed (Tseiloni või Inglise hommikusöök)
- 1 tass piima
- 2 tassi koort (jagatud, 1 tass ja 1 tass)
- ¾ tassi suhkrut
- Näputäis soola
- 6 munakollast (vaadake, kuidas mune eraldada)

JUHISED:
a) Pange raskesse kastrulisse 1 tass piima, 1 tass koort ja chai vürtsid – tähtaniis, nelk, piment, kaneelipulgad, valged pipraterad ja kardemonikaunad ning näputäis soola.
b) Kuumuta segu auravaks (mitte keemiseni) ja katsudes kuumaks. Alandage kuumust soojemaks, katke kaanega ja laske 1 tund seista.
c) Kuumuta segu uuesti kuumaks (taaskord mitte keemiseni), lisa musta tee lehed, tõsta tulelt, sega tee hulka ja lase 15 minutit tõmmata.
d) Kurna tee ja vürtsid välja peene võrguga sõelaga, valades piimakooresegu eraldi kaussi.
e) Tõsta piima-kooresegu tagasi paksupõhjalisse kastrulisse. Lisa suhkur piima-koore segule ja kuumuta segades, kuni suhkur on täielikult lahustunud.
f) Kui tee eelmises etapis tõmbab, valmistage jäävannil ülejäänud 1 tass koort.
g) Vala koor keskmise suurusega metallkaussi ja tõsta jäävette (rohke jääga) suurema kausi kohale. Asetage kausside peale võrgusõel. Kõrvale panema.
h) Vahusta munakollased keskmise suurusega kausis. Kalla kuumutatud piimakooresegu aeglaselt munakollaste hulka, pidevalt vahustades, et munakollased sooja seguga karastuks,

kuid ei küpseks. Kaabi soojendatud munakollased kastrulisse tagasi.

i) Tõsta kastrul tagasi pliidile, segades segu keskmisel kuumusel pidevalt puulusikaga, kraapides segades põhja, kuni segu pakseneb ja katab lusika nii, et saad sõrmega üle katte jooksma ja kate ei jookseks. Selleks võib kuluda umbes 10 minutit.

j) Kui see juhtub, tuleks segu koheselt tulelt eemaldada ja valada läbi sõela jäävannile, et järgmises etapis küpsetamine peatada.

94.Masala juustukook

KOOSTISOSAD:
CHAI VÜRTSISEGU
- 1 tl jahvatatud ingverit
- 1 tl jahvatatud kaneeli
- ½ teelusikatäit jahvatatud nelki, muskaatpähklit ja kardemoni

KOORIK
- 7 untsi Biscoffi/Speculoose küpsiseid, peeneks purustatud
- 1 untsi võid, sulatatud
- 1 ½ teelusikatäit Chai vürtsisegu

JUUSTUSTOOGI TÄIDIS
- 16 untsi toorjuust, pehmendatud
- ½ tassi kuhjaga granuleeritud suhkrut
- 2 untsi hapukoort
- 1 untsi rasket koort
- 1 vaniljekaun, kraabitud
- 2 teelusikatäit Chai vürtsisegu
- 2 suurt muna, toatemperatuuril

TOPPING
- 8 untsi raske vahukoor
- 1 tl vaniljeekstrakti
- 2 supilusikatäit tuhksuhkrut
- 2 tl kuiva piimapulbrit

JUHISED:
CHAI VÜRTSISEGU

a) Kuumuta ahi 350 F-ni ja määri 8-tolline eemaldatava põhjaga pann või 8-tolline pann. Pange see kõrvale.
b) Sega väikeses kausis jahvatatud ingver, kaneel, nelk, muskaatpähkel ja kardemon. Vahusta, kuni see on hästi segunenud. Kõrvale panema.

KOORIK

c) Lisa köögikombainis Biscoffi küpsised ja puljongi, kuni need muutuvad peeneks puruks.

d) Lisage suurde kaussi puru, 1 ½ teelusikatäit Chai vürtse ja sulatatud või. Sega kombineerimiseks.
e) Suru segu ühtlaselt panni külgedele ja põhjale. Küpseta 10 minutit ahjus.

JUUSTUKOOK

f) Lisa toorjuust labakinnitusega elektrimikseri kaussi. Lööge minut aega.
g) Lisa suhkur, hapukoor, koor, vaniljeoad ja 2 tl Chai Spice'i. Sega kuni segunemiseni.
h) Pärast segamist lisage ükshaaval munad, kuni need on segunenud. Vältige pragude vältimiseks ülesegamist.
i) Vala juustukoogisegu eelküpsetatud koorikusse.
j) Asetage pann 10-tollisele ümarale pannile või mässige panni külgede ümber ja ülespoole paks fooliumikiht (see takistab vee sattumist panni sisse).
k) Asetage pannid röstimispannile ja valage röstimispannile vett, kuni see on juustukoogivormide külgede kõrgusel. Olge ettevaatlik, et juustukoogi sisse ei pritsiks vett.
l) Küpseta 60–70 minutit või kuni ainult juustukoogi keskosa võdiseb.
m) Pärast küpsetamist lülitage ahi välja ja laske juustukoogil 1 tund ahjus jahtuda. Seejärel jahutage letil veel tund aega ja jahutage vähemalt 8 tundi. Ööbimine on parim.

TOPPING

n) Vahusta vispliga elektrimikseri kausis koor, vaniljeekstrakt, tuhksuhkur ja kuiv piimapulber, kuni moodustuvad tugevad piigid.
o) Lisa tähtotsaga torukotti vahukoor ja toru see jahutatud juustukoogile.
p) Puista ülejäänud Chai maitseained juustukoogi ja vahukoore peale.
q) Hoida külmkapis.

95. Masala Chai Tiramisu

KOOSTISOSAD:
MASALA CHAI KOHTA:
- 1 tass pool ja pool või täispiima
- ¼ tassi rasket koort
- ½ tolli värsket ingverit uhmrinuias jämedalt pekstud
- 1,5 spl lahtist musta teed või 3 musta tee kotti
- 1 tl chai masala
- 2 spl suhkrut

MASCARPONE VAHUTUKREEEMI JAOKS:
- 8 untsi mascarpone juustu toatemperatuuril
- 1,5 tassi rasket koort
- ½ tassi granuleeritud suhkrut (võib langeda kuni ⅓ tassi)
- 1,5 tl chai masala
- 20 daami sõrme

CHAI MASALA jaoks:
- 8 rohelist kardemoni kauna
- 2 nelki
- Näputäis aniisipulbrit
- ¼ tl muskaatpähklit, värskelt riivitud
- ¼ tl musta pipra pulbrit
- ½ tl jahvatatud kaneeli

JUHISED:
TEE CHAI MASALA:
a) Avage kardemonikaunad ja purustage uhmris peeneks seemned koos nelkidega või kasutage spetsiaalset vürtsi-/kohviveski.
b) Segage väikeses kausis pulbristatud kardemon ja nelk aniisi, muskaatpähkli, musta pipra pulbri ja jahvatatud kaneeliga. Teie chai masala on valmis.

TEE MASALA CHAI:
c) Sega väikeses potis pool ja pool ning raske koor. Seadke pliidile. Kui näete poti külgedel mullid, lisage ingver, chai masala, musta tee lehed ja suhkur.
d) Laske keema tõusta ja seejärel vähendage kuumust madalale-keskmisele tasemele. Laske chail 5-8 minutit tõmmata. Põlemise vältimiseks jälgige hoolikalt.
e) Kui chai on pruulitud ning paks ja intensiivselt pruuni värvi, kurna see teesõelaga suurde tassi ja lase jahtuda.

f) Chai jahtumisel tekib kile, mis on loomulik, nii et kurna see uuesti väikeseks tassiks.

TEE VAHUTUD MASCARPONE:

g) Lisa pehmendatud mascarpone koos chai masala ja 2-3 supilusikatäit koort. Vahusta 30–45 sekundit, kuni see on kergelt kohev.

h) Lisa kaussi ülejäänud koor ja klopi, kuni näed pehmeid tippe. Lisa aeglaselt suhkur ja jätka vahustamist, kuni näed tugevaid piike.

KOKKU TIRAMISU:

i) Kastke daami sõrmed masala chai sisse maksimaalselt 3 sekundiks (muidu lähevad need märjaks). Asetage need ühe kihina 8x8 panni põhja. Vältige naissõrmede liiga tihedalt kokkupakkimist.

j) Lisa pool vahustatud mascarpone segust ladyfingeri peale. Silu see spaatliga ühtlaseks.

k) Korrake sama teise kihiga chai-kastetud ladyfingers. Aseta peale ülejäänud mascarponesegu ja silu spaatliga ühtlaseks.

l) Kata pann toidukilega ja pane vähemalt 6 tunniks (soovitavalt üleöö) külmkappi tahenema.

m) Enne serveerimist puista veidi chai masalat.

96.Chai Spice õunakrõps

KOOSTISOSAD:
CHAI SPICE ÕUNATÄIDISEKS:
- 10 keskmise suurusega õuna, kooritud ja viilutatud ¼" viiludeks
- 2 tl värsket sidrunimahla
- 2 spl universaalset jahu
- ½ tassi granuleeritud suhkrut
- 1 ja ½ tl jahvatatud kaneeli
- 1 tl jahvatatud ingverit
- ½ tl muskaatpähklit
- ¼ teelusikatäit nelki
- ¼ teelusikatäit pipart
- ¼ tl jahvatatud kardemoni
- ⅛ tl jahvatatud musta pipart

KAERAHELBETOOLI krõbeda katteks:
- 8 untsi soolamata võid, toatemperatuuril, kuubikuteks lõigatud
- 1 ja ½ tassi vanaaegset kaera
- ¾ tassi granuleeritud suhkrut
- ¾ tassi helepruuni suhkrut, kindlalt pakitud
- ¾ tl jahvatatud kaneeli
- ½ tl jahvatatud ingverit
- ¼ tl jahvatatud nelki
- ¼ teelusikatäit pipart
- ¼ tl jahvatatud kardemoni
- ⅛ tl jahvatatud musta pipart
- 1 tass universaalset jahu

JUHISED:
CHAI SPICE ÕUNATÄIDISEKS:
a) Kuumuta ahi 375 kraadini (F). Määri 9x13-tolline küpsetusvorm kergelt õliga.
b) Asetage viilutatud õunad suurde kaussi ja raputage sidrunimahlaga.
c) Sega keskmises kausis jahu, suhkur ja vürtsid. Puista see segu õuntele ja viska korralikult katteks.
d) Vala õunasegu ettevalmistatud ahjuvormi ja tõsta purukatte valmistamise ajaks kõrvale.

KAERAHELBETOOLI krõbeda katteks:
e) Sega suures kausis kaer, suhkrud, vürtsid ja jahu.

f) Lisage kuubikuteks või ja tükeldage kahe kahvli või kondiitri segisti abil või kuivade koostisosade hulka, kuni segu meenutab jämedat jahu.
g) Puista kate ühtlaselt õuntele.
h) Asetage pann ahju ja küpsetage 45–50 minutit või kuni pealt on kuldpruun ja õunad mullitavad.
i) Võta ahjust välja ja aseta pann jahutusrestile. Serveeri soojalt, eelistatavalt jäätisega.

97. Kardemoniga maitsestatud kheer (India riisipuding)

KOOSTISOSAD:
- 1/2 tassi basmati riisi
- 4 tassi täispiima
- 1/2 tassi suhkrut
- 1/2 tl kardemoni pulbrit
- Safrani kiud (valikuline)
- Kaunistuseks hakitud pähklid (mandlid, pistaatsiapähklid).

JUHISED:
a) Pese riis ja keeda seda piimas, kuni riis on pehme ja segu pakseneb.
b) Lisa suhkur, kardemonipulber ja safranikiud. Küpseta, kuni kheer saavutab kreemja konsistentsi.
c) Kaunista hakitud pähklitega ja serveeri kas soojalt või jahutatult.

98. Gulab Jamun

KOOSTISOSAD:
- 1 tass piimapulbrit
- 1/4 tassi universaalset jahu
- 1/4 tassi ghee (selgitatud või)
- Piim (vastavalt taigna valmistamiseks)
- 1 tass suhkrut
- 1 tass vett
- Kardemoni kaunad (purustatud)
- Safrani kiud (valikuline)
- Praadimiseks õli või ghee

JUHISED:
a) Segage piimapulber, universaalne jahu ja ghee, et moodustada piimast pehme tainas.
b) Jaga tainas väikesteks pallideks ja prae neid kuldpruuniks.
c) Valmistage eraldi pannil suhkrust, veest, kardemonist ja safranist suhkrusiirup.
d) Leota praepalle enne serveerimist paar tundi suhkrusiirupis.

99.Masala Chai vürtsidega kook

KOOSTISOSAD:
- 2 tassi universaalset jahu
- 1 tass suhkrut
- 1 tass jogurtit
- 1/2 tassi taimeõli
- 1 tl küpsetuspulbrit
- 1/2 tl söögisoodat
- 1/2 tl kardemoni pulbrit
- 1/2 tl kaneelipulbrit
- 1/4 tl ingveripulbrit
- 1/4 tl nelgipulbrit
- Näputäis soola

JUHISED:
a) Kuumuta ahi temperatuurini 350 °F (180 °C) ja määri koogivorm rasvaga.
b) Sega kausis kõik kuivad koostisosad ning teises kausis vahusta kokku jogurt ja õli.
c) Kombineerige märjad ja kuivad koostisosad, segage hästi ja valage tainas koogivormi.
d) Küpseta 30-35 minutit või kuni torgatud hambaork tuleb puhtana välja.
e) Enne serveerimist lase koogil jahtuda.

100.Chai vürtsidega küpsised

KOOSTISOSAD:
- 2 tassi krõbedat riisiterahelbe
- 1 tass mandlivõid
- ½ tassi mett
- 1 tl chai vürtsisegu (kaneel, kardemon, ingver, nelk, muskaatpähkel)
- 1 tl vaniljeekstrakti
- Näputäis soola

JUHISED:

a) Segage suures segamiskausis krõbedad riisiterahelbed ja chai vürtsisegu.

b) Kuumutage väikeses kastrulis madalal kuumusel mandlivõi, mesi, vaniljeekstrakt ja sool, segades, kuni see on hästi segunenud.

c) Vala mandlivõisegu teravilja- ja maitseainesegule ning sega, kuni kõik on ühtlaselt kaetud.

d) Vormi segust küpsised või suru vooderdatud ahjuvormi ja lõika kangideks.

e) Hoia külmkapis umbes 1 tund või kuni taheneb.

KOKKUVÕTE

Kui lõpetame oma vürtsika teekonna läbi "ÜLIMAALNE INDIA MASALA KAST KOKARAAMAT", loodan, et teie köögist on saanud lõuend erksatele toonidele ja aromaatsele sümfooniale, mis iseloomustavad India kööki. See kokaraamat on midagi enamat kui retseptide kogu; see tähistab erinevaid maitseid ja kultuurilist rikkust, mis muudavad India toiduvalmistamise ülemaailmseks kulinaarseks aardeks.

Aitäh, et liitusite minuga selle uurimistööga, alates lõhnavatest vürtsiturgudest kuni südantsoojendavate köökideni, kus masala loob maagiat. Jäägu nende maitsvate retseptide olemus teie kodus püsima, luues mitte ainult eineid, vaid ka mälestusi, mis on täidetud India vaimuga.

Nende roogade viimaseid suupisteid maitstes pidage meeles, et masalakarp ei ole lihtsalt vürtside konteiner – see on värav kulinaarsete võimaluste maailma. Head toiduvalmistamist ja olgu teie köök jätkuvalt täidetud soojuse, aroomide ja maitsetega, mis muudavad India köögi tõeliselt erakordseks. Shukriya (aitäh) ja head toiduvalmistamist!

www.ingramcontent.com/pod-product-compliance
Lightning Source LLC
Chambersburg PA
CBHW071822110526
44591CB00011B/1184